**Daniele Giglioli**
Crítica da vítima

Crítica da vítima
*Critica della vittima*
© Daniele Giglioli
© nottetempo srl., 2014
© Editora Âyiné, 3ª edição, 2020
Tradução: Pedro Fonseca
Preparação: Fernanda Alvares
Revisão: Lígia Azevedo, Ana Martini, Andrea Stahel
Projeto gráfico: Luísa Rabello
Imagem de capa: Julia Geiser
ISBN 978-85-92649-06-7

Editora Âyiné
Belo Horizonte, Veneza
Direção editorial: Pedro Fonseca
Assistência editorial: Érika Nogueira Vieira, Luísa Rabello
Produção editorial: André Bezamat, Rita Davis
Conselho editorial: Lucas Mendes de Freitas,
Simone Cristoforetti, Zuane Fabbris
Praça Carlos Chagas, 49 – 2º andar
30170-140 Belo Horizonte – MG
+55 31 3291-4164
www.ayine.com.br
info@ayine.com.br

**Daniele Giglioli**

Crítica da vítima

Biblioteca antagonista 6

Tradução de Pedro Fonseca

Âyiné

# Sumário

11 **Crítica da vítima**

17 **Capítulo 1**
18 *Remember me!*
21 A piedade injusta
24 O século culpado
28 Imunidade
32 Pobre rei
36 Porque fui eu que disse
40 Concorrências
46 Vulneráveis

59 **Capítulo 2**
61 Queremos tudo
65 A vergonha e o orgulho
71 Vocês me obrigaram
75 Competentes em humildade?
81 O escândalo da história
85 Alice não sabe

91   Ele começou

95   Por que nos odeiam?

103   **Capítulo 3**

105   O que te falta?

107   Inalienável

115   Inocência

119   Minha história

124   Verdade e morte

129   Polifemo

135   Outros mitos?

139   **Nota ao texto**

VITIMÁRIO. *É o nome genérico que se dava na Roma Antiga aos funcionários responsáveis pela ação sacrifical e que se constituíam dos* popae *e pelos* cultraii. *Era função dos vitimários conduzir a vítima ao ara, desferir, recebida as ordens do sacerdote, o golpe sobre a testa com o* malleus *(maça) e a jugular, uma vez abatida, com o* culter. *Morta a besta se extraíam as suas entranhas seja para o exame divinatório feito pelos harúspices, seja para preparar a porção reservada aos deuses, para oferecer sobre o ara* (magmenta). *Os vitimários constituíam uma corporação* (Collegium victimariorum, Corp. Inscr. Lat., *VI, 2191*).

Enciclopedia Treccani

A vítima é o herói de nosso tempo. Ser vítima dá prestígio, exige atenção, promete e promove reconhecimento, ativa um potente gerador de identidade, direito, autoestima. Imuniza contra qualquer crítica, garante inocência para além de qualquer dúvida razoável. Como poderia a vítima ser culpada, ou melhor, responsável por alguma coisa? Não fez, foi feito a ela. Não age, padece. Na vítima, articulam-se ausência e reivindicação, fragilidade e pretensão, desejo de ter e desejo de ser. Não somos o que fazemos, mas o que sofremos, o que podemos perder, aquilo de que nos privaram.

Palinódia da modernidade, com suas injunções onerosas: caminha ereto, sai do estado da minoridade (um por todos — Kant, *O que é o iluminismo*, 1784). Vale ao invés o adágio contrário: minoridade, passividade, impotência são um valor, e tanto pior para quem age. Se o critério que discrimina o justo do injusto é necessariamente ambíguo, quem está com a vítima não erra nunca. Em um tempo no qual todas as identidades estão em crise, ou são manifestamente postiças, ser vítima dá lugar a um suplemento de si.

Somente na miríade de significados da vítima encontramos hoje uma imagem verossímil, ainda que invertida, da plenitude que almejamos, uma «máquina mitológica» que do centro vazio de uma falta gera incessantemente um repertório de figuras capazes de satisfazer a necessidade que daquele próprio vazio se originou. O infausto se torna desejável.

Mas quem controla uma máquina mitológica, explicou Furio Jesi, tem nas mãos as alavancas do poder. A ideologia vitimária é atualmente o primeiro travestimento das razões dos fortes, como na fábula de Fedro: «*Superior stabat lupus...*». Se somente a vítima tem valor, se somente a vítima é um valor, a possibilidade de se declarar tal é uma casamata, uma fortificação, uma posição estratégica a ser ocupada a todo custo. A vítima é irresponsável, não responde por nada, não deve se justificar: é o sonho de qualquer poder. Ao colocar-se como identidade indiscutível, absoluta, em seu reduzir o ser a uma propriedade que ninguém pode disputar-lhe, realiza parodicamente a promessa impossível do individualismo proprietário. Não por acaso é objeto de guerras, na pretensão de estabelecer quem é mais vítima, quem foi primeiro, quem por mais tempo. As guerras precisam de exércitos, os exércitos de comandantes. A vítima gera liderança. Quem fala em seu nome? Quem tem direito sobre ela, quem a representa, quem transforma sua impotência em poder? Pode o subalterno realmente falar, perguntou-se Gayatri Spivak em um famoso ensaio. O subalterno que sobe na tribuna em nome de seus símiles é ainda tal ou já passou para o outro lado?

Não nos precipitemos em responder, não dissipemos súbito a desorientação que considerações como essas auspiciosamente gerem. Das vítimas reais às vítimas imaginárias o percurso é longo e tortuoso. Assim seja essa desorientação nosso indicador, se não nossa guia. Indicador, sintoma de uma incapacidade mais geral, na qual a vítima encontra sua razão de ser: a perda de uma crível, positiva, ideia de bem. Algo deu errado. Mundo antigo, cristianismo e modernidade pretendiam uma resposta à pergunta: o que é justo? O que é necessário a uma boa vida? Uma resposta ética antes que moral, fundamentada em uma *ratio*, e não apenas em valores. *Polis* bem estruturada, cidade humana como imagem da cidade celeste, «liberdade, igualdade e fraternidade» não era apenas um chamamento ao dever ser: criava uma junção entre ontologia e deontologia, apontava uma escolha possível, a melhor, no repertório do existente. Hoje, ao contrário, nos encontramos comprimidos entre o receituário do mal menor, que informa o pensamento liberal (a célebre frase de Churchill: a democracia é o pior governo possível, com exceção de todos os outros), e o *mysterium iniquitatis*, que alça a santo ou a mártir quem foi ferido, ou desejaria — ou pretende — tê-lo sido, para legitimar o próprio status.

Péssima alternativa, com seu corolário de sentimentos inevitáveis: ressentimento, inveja, medo. Concentrada na repetição do passado, a posição vitimária impede qualquer visão do futuro. Consideramo-nos todos, escreve Christopher Lasch, em *O mínimo eu*,

> ao mesmo tempo como se fôssemos sobreviventes e vítimas, ou vítimas potenciais. [...] E é exatamente essa a ferida mais profunda que a vitimização inflige: o resultado é o de não mais encarar a vida como sujeitos éticos ativos, mas apenas como vítimas passivas, e o protesto político se degenera em uma choradeira de autocomiseração.

E Richard Sennett, corroborando Christopher Lasch, em *Autoridade*:

> A necessidade de legitimar as próprias opiniões em termos de ofensa ou de sofrimento infligido liga cada vez mais os homens às próprias ofensas [...]: «o que necessito» é definido nos termos «do que me foi negado».

O fato de nosso tempo se deixar representar por uma fórmula de *pathos* em que se separa radicalmente o sentir do agir causa desconforto. As páginas que seguem são uma tentativa de reagir a esse desconforto.

Para tal é necessária uma crítica da vítima. A crítica pressupõe sempre, é inevitável, certo coeficiente de crueldade. Objetivo polêmico não são aqui, como é óbvio, as vítimas reais; mas sim a transformação do imaginário da vítima em *instrumentum regni*, e o estigma de impotência e irresponsabilidade que ele provoca nos dominados. Mas, para desconstruir uma máquina mitológica, é essencial cravar a faca no ambíguo entrelaçamento entre falso e verdadeiro, que constitui a razão última de sua força. As figuras imaginárias se constroem sempre selecionando e combinando materiais verdadeiros. O mundo é mais complicado do que uma fábula de Fedro, e nisso consiste o trabalho da crítica. Na acepção mais ampla do termo: crítica não é apenas anátema ou juízo, é também e na verdade em primeiro lugar, dizia Kant, discernimento, crivo, peneira, delimitação do que se pode e do que não se pode dizer; fundação de um campo, abertura de um espaço, individuação de um terreno no qual raciocinar em conjunto. Mas crítica é também, escreveu Foucault comentando Kant, consciência do limite e busca de uma superação, tentativa de aferrar, «na contingência que nos fez ser isso que somos, a possibilidade de não mais ser, de não mais fazer ou de não mais pensar o que somos, fazemos ou pensamos». A crítica da vítima não pode ser feita de fora. Ressentimento, humilhação, fraqueza e chantagem são dados primários da experiência de todos. Este ensaio é dedicado às vítimas que não mais desejam sê-lo.

# Capítulo 1

A princípio, tracemos uma sintomatologia do fenômeno, para sucessivamente chegar se não à origem ao menos ao início, com uma hipótese sobre suas causas prováveis, e estilar enfim a crítica propriamente dita: o que promete e sobretudo o que retira, impede, torna impossível; e por quê; e o que talvez tornasse possível com a crítica já realizada. Suas manifestações são infinitas, não importando o âmbito do qual se observe, política e sociedade, costumes e literatura, história e filosofia, direito e psicologia, e não há sentido em estabelecer nenhuma meta de completude: «Os ingênuos», escreveu uma vez Marcel Proust,

> pensam que as vastas dimensões dos fenômenos sociais nos ajudam a penetrar mais a fundo no ânimo humano: deveriam, ao contrário, perceber que somente adentrando em uma individualidade em sua singularidade teriam a possibilidade de compreender esses fenômenos.

Comentaremos de passagem um restrito número de exemplos, apostando no valor de iluminação recíproca de uma aproximação entre eles, que se espera ser imprevista mas não arbitrária. A analogia, mais do que a análise exaustiva, será nossa bússola.

### *Remember me!*

Em primeiro lugar a memória, a obsessão da memória. O *dever* da memória, um termo que em nosso espírito público almeja destronar, até mesmo, como observou Enzo Traverso, seu gêmeo/antagonista história. Comparada à história, a memória é subjetiva, íntima, vivida, não negociável, autêntica se não verdadeira *a priori*: absoluta porque relativa. Instaura uma relação com o passado de tipo inevitavelmente proprietarista: meu, nosso passado. A memória não se escreve sem pronomes e adjetivos pessoais. Em seu centro, a testemunha; e testemunha por excelência é hoje aquele que traz inscrito em si, no corpo antes que na mente, o peso dos processos que o acometeram: ou seja, a vítima. Verdadeira protagonista do passado é a subjetividade sofrida, em relação à qual as instituições atribuem com prazer o crisma da eticidade de Estado, instituindo-a como objeto de celebração pública com força de lei: o Dia da Memória (27 de janeiro, homenagem às vítimas da Shoah); o Dia da Lembrança (10 de fevereiro, homenagem às vitimas das foibas);[1] o Dia da Memória e da Luta (21 de março, em homenagem às vítimas da máfia); o Dia da Memória dedicado às vítimas do terrorismo interno e internacional, e dos massacres de tal matriz (9 de maio, aniversário do homicídio de Aldo Moro).[2]

Sinistro curto-circuito, que isola os eventos de seu curso natural, os hipostasia em valores em vez de explicá-los como fatos, e desse modo invalida também o objetivo de elevá-los a advertência para que o que aconteceu não se repita: não aquele que não

---

1 É conhecido como massacre das «foibe» o assassinato em massa, durante a Segunda Guerra Mundial, de italianos residentes na região de Friul-Veneza Júlia, Dalmácia. O massacre foi perpetrado, principalmente, pelos membros do Partido Comunista iuguslavo. [N. T.]
2 Aldo Moro, político italiano, duas vezes primeiro-ministro, sequestrado e assassinado pelas Brigadas Vermelhas. [N. T.]

lembra, mas aquele que não *entende* o passado está condenado a repeti-lo. Passagem ilícita de testemunho, que honra quem já não pode falar ocupando seu silêncio com o alarido das retóricas comemorativas. A memória serve sempre aos vivos, seu verdadeiro tempo é o presente; mas o que pensar de um presente que indica valores apenas por meio dos lutos? Dando a eles, além do mais, um significado salvífico: se hoje estamos aqui é graças a vocês.

Na prosopopeia da vítima atua sub-repticiamente uma substituição, uma sobreposição entre tempo, pontos de vista, sujeitos do enunciado e da enunciação: o «nós» que tenta e se fortalece com a dor é e ao mesmo tempo não é — como nas figuras retóricas — o mesmo que padeceu um tempo. Quem fala da vítima, ou pela vítima, está sempre na situação daquele que fala em nome de outro. Isso é óbvio quando alguém toma a palavra em nome de vítimas silentes. Mas paradoxalmente verdadeiro é também o caso da vítima que fala por si, enquanto a vítima é tal em primeiro lugar porque obrigada a silenciar, negligenciada, destituída do poder da linguagem. Falar é a primeira forma de *agency*. A vítima é o infante. Os nazistas sabiam: se vocês contarem, ninguém vai acreditar. Mas um imperativo de atenção estabelecido por lei, além de transplantar a lógica judiciária para o centro da vida pública (o processo é por si só o único lugar em que o direito ao discurso das vítimas é legitimamente obrigatório, ainda que permaneça da vítima um discurso de parte), indica que se passou para outro patamar. Subindo na tribuna, mesmo as vítimas mais verdadeiras se tornam representantes de si mesmas: estamos aqui pelo nós, pelo vocês que fomos, proprietários da vida de outra pessoa.

## A piedade injusta

Mas «estamos aqui por vocês» também é o enunciado de toda a vasta galáxia ideológica que Philippe Mesnard substantivou no termo «humanitário». Sob os despojos de uma moral universal, de baixo custo e altamente utilizável porque não problemática, o credo humanitário é na verdade uma técnica, um conjunto de dispositivos que disciplinam o tratamento das palavras, das imagens sabiamente articuladas em ícones e didascálias, das reações emotivas impostas aos espectadores: estetização kitsch, sensacionalismo redutivo, naturalização vitimária de populações inteiras. O fato de ter dado a primeira fonte de legitimidade a quase todas as últimas guerras é uma evidência, da Somália à ex-Iugoslávia, do Afeganistão ao Iraque, sobrepondo à imagem fulgurante do guerreiro as figuras mais plácidas do policial, do médico, do vivandeiro.

Mas não é esse seu escândalo, assim como é de baixo custo a indignação reativa que surge espontânea quando, basta que em qualquer parte do mundo se sofra, se apresentam infalivelmente personagens como BHL, ou seja Bernard-Henri Lévy, o mais exposto e prestativo dos *nouveaux philosophes* que descobriram e denunciaram — no fim dos anos 1970! — o horror do totalitarismo (vê-se que Orwell chegou atrasado nos Livres de Poche, comentou na época Umberto Eco); e assim como ele muitos outros. A mera denúncia da manipulação não vai muito adiante: se o enquadramento ideológico pode ser fatal, a matéria enquadrada em geral é infelizmente verdadeira. No mundo não se sofre por fingimento, e nunca serão demais as distinções.

Mas existe piedade e piedade. Mais significativo é na verdade o que esse enquadramento acarreta sobre as próprias vítimas, estigmatizando-as em uma identidade «que as despe completamente ou em parte», escreve Mesnard, «de suas próprias biografias e de suas referências culturais, ou até termina por aprisioná-las em seus confins», privando-as não apenas da subjetividade mas também de qualquer direito que não seja o do socorro (com quais efeitos práticos seria necessário averiguar). Reduzidas ao que lhes foi feito, há lágrimas mas não razões. Sua voz, como a dos animais, serve apenas para expressar prazer e principalmente dor, não para deliberar em conjunto sobre o justo e o injusto, prerrogativa que de acordo com Aristóteles distingue a espécie humana das outras porque dotada de *logos* e de sociedade. Sua verdade está no olhar do outro, o clemente, o misericordioso. Médicos e repórteres sem fronteiras, ONGs, estrelas do rock seja no auge seja em declínio, frequentemente em ambígua e na melhor das hipóteses ingênua colaboração com poderosos locais ou com exércitos invasores, são os únicos com efeito credenciados a falar, as únicas, observa Didier Fassin, «testemunhas legítimas que falam em nome de quem experimentou acontecimentos traumáticos»: «A prolixidade da narrativa humanitária aumenta paralelamente ao silêncio dos sobreviventes».

Aparentemente fraterno, o credo humanitário é um sentir soberano que torna súdito tudo o que toca: um campo de refugiados, afirma candidamente o administrador de uma organização humanitária, «não precisa de democracia para sobreviver». Soberania sem política, que começaria ao contrário onde, mais do que com as vítimas, se solidarizasse por exemplo com os explorados, os oprimidos, os excluídos com os quais podemos ter interesses (um *logos*, uma *praxis*) em comum: todos os enunciados que implicam um juízo, justo ou errado — não importa —, e não uma simples descarga emotiva. Comoção comandada, sobreposição adialética entre sentimento e interesse, o credo humanitário mantém inertes os desarmados (e não foi isso que aconteceu em Srebrenica?) e deixa intactos os arsenais dos fortes, em perfeita harmonia entre os resultados e as intenções — as profundas, se não as verdadeiras. «És humano, não justo», rebatia irritado o abade Parini a um tal de que se compadecia, e lhe aconselhava ser severo.

## O século culpado

Humanitário, e marcado pela mesma falta de política, é também o olhar que o senso comum lança sobre o século do qual saímos, o XX, que viveu «a política como destino» e é hoje retratado como um matadouro, um massacre indiscriminado, um banho de sangue sem fim. Não foi, o século das ideologias e dos conflitos, o tempo no qual mais se reduziu a distância entre quem tem e quem não tem, quem pode e quem não pode, quem sabe e quem não sabe. Não foi o século do ensino obrigatório, do sufrágio universal, do voto às mulheres, dos direitos civis e sociais. Tomada de consciência, direito à palavra, escolhas, alternativas dramáticas, erros (mas pode errar apenas quem é livre) e principalmente esperanças: nada disso. Mas sim ilusões, miragens, cegueira. Verdade era ao contrário apenas o sangue derramado, a dor inútil das vítimas.

Por isso a proliferação de livros negros: do comunismo, obviamente; mas também, por desforra, do capitalismo; e em seguida, em série, da religião, do Vaticano, da psicanálise, das drogas, da RAI,[3] do futebol, do satanismo, da família, dos trens de alta velocidade — o que não tem nada a ver com o século XX, mas a forma virou substância. Não mais *epos* ou tragédia, mas uma lamentação acrimoniosa na linha do ele também, primeiro ele, ele mais e por piores

---

3 Radiotelevisione italiana (RAI) é uma empresa de rádio e televisão estatal da Itália. [N. T.]

motivos. Volta ao auge o tema antigo da comparação historiográfica, e especialmente da comparação moral, que historicismo e pós-moderno, divididos em quase tudo, tinham conjuntamente rejeitado. Claro, os estudiosos sérios se mantêm desdenhosamente à distância, assim como se recusam a admitir em suas cidadelas os aedos do sangue dos vencidos à la Giampaolo Pansa, que com sua historiografia *splatter* dissolve e abusa, apresentando-se como conciliador, as motivações dos que combateram de lados opostos nossa guerra civil. O que é meritório do ponto de vista da probidade científica, mas insuficiente a opor-se a uma mitopoese que tem a vantagem de dar forma a um sentir amplamente compartilhado. E, no fim das contas, será que as coisas estão realmente assim? Não circula há algum tempo também entre os acadêmicos a tentação de se resignar a uma historiografia de coveiro, obsessivamente propensa aos cadáveres, aos corpos mutilados, às múmias, às relíquias, como se já não existissem vidas a serem contadas?

O mesmo se pode dizer a respeito do passado recente. Os anos 1970 foram anos de chumbo — e o feminismo? Era de chumbo também? O caso Moro como divisor de águas, tendo ao centro a figura da vítima inculpável (ele que era um poderoso; mas ninguém se torna príncipe de maneira inocente, como bem sabiam o Hamlet, de Shakespeare, e o Adelchi, de Manzoni), sob um cadáver insepulto que ainda hoje impediria a Itália de se tornar um país normal, como se a Suécia vivesse no eterno trauma do homicídio de Olof Palme. E, em uma perspectiva mais ampla, o mito etiológico de fundação vitimária de nossas instituições que Giovanni de Luna sintetizou em um título muito eficaz como *La Repubblica del dolore* [A República da dor] (cúmplice também o fato de que infelizmente, como mostrou Benedetta Tobagi, em relação a atentados e homicídios, as vítimas com frequência ficaram a ver navios pedindo não compaixão, mas verdade e justiça). O fato de o século XX, cujo crepúsculo tem início nos anos 1970, ter sido, ao contrário, o século que não apenas praticou mas *tematizou* a violência, de certa maneira humanizando-a, refletindo a propósito, mesmo que às vezes de maneira desatinada, de Lênin a Gandhi, é ao contrário um pensamento que não é permitido que aflore: a violência não mais apenas dos poderosos em prejuízo dos fracos — e não é isso que na verdade lhe é cobrado? Êxito inevitável: a violência permanece, mesmo que em *outsourcing*, confinada nas periferias das cidades e do mundo; agora sim verdadeiramente cega, inumana, impensada, sem discurso, sem responsabilidade e sem atores individuais e coletivos que não sejam remetidos à tétrica dupla do algoz e da vítima.

## Imunidade

Resultado análogo se restringimos o compasso do público ao privado, da política à sociedade. Vítimas e algozes, estes substancializados em perfis que os identificam, mais ainda que com os atos que praticam, com um caráter, uma natureza, um destino, uma descrição definida que se faz nome comum e quase próprio: o pedófilo, o *stalker*, o homofóbico, o racista, o monstro, o bando. No lugar de uma explicação, um quadro nosográfico e criminológico, um *marker* que se tem ou não se tem; não uma história única, um emaranhado por vezes inextricável de casualidade e acontecimentos individuais e circunstâncias culturais. Que fiquem fora, longe, radicalmente outros de nós, os normais, nós que não cultivamos no inconsciente alguma pulsão destrutiva e nunca sentimos, nem mesmo uma vez, a tentação da vexação.

No inicio do século XX, Freud abriu caminho para uma ética diferente: não existe *discrimine* ontológico entre saúde e doença mental, aos quais não são obrigatoriamente necessários nem fatores orgânicos nem eventos reais provocados, enquanto as fantasias podem ser patógenas por si sós. O próprio dispositivo que produz a norma gera também o desvio. Ou seja, todos em risco, e todos por isso chamados a exercitar o controle e a responsabilidade. A de hoje é ao contrário uma moral de monstros, pois tem a vítima no centro, mas o monstro como único princípio ativo. Uma moral que pede para se identificar (reconhecer-se, comprazer-se) não no que se faz, mas no que não se faz, declarando-se não mais forte, mas mais fraca do que quem erra, e assim potencialmente à sua mercê. Sentir-se potencialmente à mercê possui um quê de tranquilizador. Uma vacina, um protocolo imunitário que consolida por meio do que teoricamente deveria desagregar. Do contrário, como poderíamos explicar a compulsão a ler o mundo exterior inteiro, natural e social, através do filtro do medo?

É fácil demais, nesse caso também, ironizar o sensacionalismo com o qual os meios de comunicação repropõem, com variações sazonais, mas sempre com o mesmo cenário, o alarme para o *serial killer*, o sátiro, o pedófilo, o cigano, o albanês, o romeno, o encanador polonês, o islâmico, o clandestino, a prostituta, o drogado, o terrorista, o policial corrupto, a gripe aviária ou sazonal, o frio extremo e as ondas de calor, o ácaro da poeira e o pitbull feroz (a emergência pitbull é de 2004: parece que desde então o pitbull parou de morder). Na verdade, estamos diante de um fenômeno mais profundo, como mostrou Joanna Bourke. Nem sempre se sente medo da mesma maneira e das mesmas coisas, o medo do inferno ou da peste ou da bomba atômica não equivale ao medo dos marcianos ou dos ciganos. Claro, o medo é um sentimento primário: podemos escondê-lo dos outros, mas não de nós mesmos, tanto menos é possível pensar em tê-lo sem deveras senti-lo. Possível é, por outro lado, induzi-lo artificialmente, tornando-o dominante sobre todos os outros.

No entanto, a sensação é que na passagem da modernidade ao contemporâneo o percentual de medo em suspensão no imaginário social aumentou drasticamente à medida que diminuíam os objetos de suas afeições. Um tempo que se assusta consigo mesmo se incute continuamente pequenos reagentes que antecipam a vitimização em efígie, com a esperança de esconjurá-la na prática. Substituição de uma «semântica da vida» por uma «semântica da subjetividade», ou do poder-fazer, escreveu Roberto Esposito, o «paradigma imunitário» tutela o organismo ao qual inere, «mas não de maneira direta, imediata, frontal; submetendo, ao contrário, a uma condição que contemporaneamente nega, ou reduz, a potência expansiva» introduzindo no corpo político «um fragmento da mesma substância patogênica da qual desejaria protegê-lo e que, assim fazendo, bloqueia e contradiz o desenvolvimento natural». A cessão de potência para poder sobreviver, implícita no imaginário da vítima, é algo diferente da submissão ao grande lobo teorizada por Hobbes, da dialética entre servo e senhor de Hegel (servo é quem tem medo da morte), da renúncia pulsional em nome de metas sociais mais altas ditas como inevitáveis por Freud. Em troca da potência a posição de vítima confere uma singular forma de poder, como se fosse praticamente a única maneira real de dividi-lo e compartilhá-lo no tempo da crise da democracia representativa. Não são a mesma coisa poder e potência, nem «boa vida» é apenas sobreviver. A postura do sobrevivente, que para Christopher Lasch é o breviário ético do Eu mínimo, é também, correta a tese clássica de Elias Canetti, a raiz primeira do poder: potente é o último a permanecer em pé. Que se tente chegar a isso imitando a posição contrária, a do ferido e até mesmo a dos mortos em combate, usurpando assim o lugar das vítimas reais, é o paradoxo que nos propomos ilustrar.

## Pobre rei

Nesse paradoxo se inscreve a tendência de certas lideranças a se apresentarem como vítimas. Cada um pode encontrar facilmente os exemplos que servem. Outro aspecto da dialética trágica, e às vezes cômica, das revoluções modernas: os subalternos se organizam; escolhem os próprios líderes; esses líderes se tornam mais cedo ou mais tarde autocratas indiscutíveis, do Cromwell que morre como Lord Protetor às lideranças dos grupelhos estudantis à la 1968, passando por Robespierre e pelos bolcheviques. Trata-se ao contrário de um processo que procede de cima, e, ainda que preservando intacta a semântica dos enunciados (vejam o que me fizeram, o que nos fizeram), inverte radicalmente seu valor pragmático: para manter um privilégio, para isentar-se das obrigações comuns, para reunir em torno de si uma comunidade de obsequiosos que têm como principal *munus* engajamento, vínculo, a continuidade do próprio líder.

Não se trata, repitamos, de simples mistificação. Aos sequazes, o líder que se comporta como vítima propõe um implícito e às vezes explícito pacto afetivo, uma identificação por meio da potente alavanca do ressentimento. É o expediente de qualquer populismo. O populismo, afirma Ernesto Laclau, é por diferentes aspectos um universal, um constitutivo neutro, genérico, da interação social. Toda sociedade, por definição, não satisfaz todas as exigências de seus membros. Nasce por isso certo número de reivindicações, por si só heterogêneas e assimétricas (um quer mais emprego, o outro mais atenção ao meio ambiente; um quer menos imposto, o outro mais seguridade social), que, em determinado momento, acabam sendo tratadas por aqueles que as levantam como equivalentes, tornando-se assim políticas, ou seja, expressões de uma parte da sociedade que se sente, mesmo sendo parte, legitimada a representar o todo — o povo é um significante vazio que pode ser preenchido pelos significados mais variados, e precisamente nisso está a eficiência do termo. A equivalência tem seu agente dinâmico no fato de que, se as reivindicações não são atendidas, é por culpa de «alguém». Para que as partes esqueçam terem sido originariamente diferentes, portadoras de instâncias que inicialmente não eram iguais, é necessário que se crie um vínculo emotivo e não apenas racional. Para que isso aconteça, é necessário individuar um obstáculo, um estranho a ser expelido, um inimigo do qual se possa declarar-se vítima. Inimigo que pode assumir os traços mais diversos, daí a radical ambiguidade do fenômeno: os aristocratas, os capitalistas, mas também os judeus, os ciganos, os imigrantes, os preguiçosos, os políticos...

No populismo, não há amor sem inimigo, e ninguém individua um inimigo sem sentir-se vítima real ou potencial. Um entrelaçamento difícil de destrinçar, para o qual armas da razão iluminística são frequentemente impotentes, enquanto um equivalente e contraposto investimento emotivo torna-se possível apenas pela referência à dimensão utópica, em sua dupla versão: liberal, ou seja, as reivindicações individuais resolvidas singularmente, ou socialista, ou seja, uma humanidade finalmente reconciliada consigo mesma na qual as distinções entre indivíduo e grupo já não têm *raison d'être*. Perspectivas longínquas, ainda que se acreditasse serem realizáveis, e de qualquer maneira todas elas carentes de ser demonstradas, enquanto o ressentimento está já entre nós, em plena luz, indiscutível.

O dispositivo vitimário tem a seu lado a força da palavra sem mediação, presente a si mesma e sem a necessidade de verificação externa: diante de uma vítima real, sabemos imediatamente o que sentir e pensar. Desse status se apropria, transformando por transferência analógica uma desvantagem em vantagem, o líder vitimista (e com frequência também os líderes das vítimas): como se atrevem a discutir minha dor, minha inocência, minhas próprias prerrogativas? Eu sou inquestionável, acima de qualquer crítica, senhor e mestre de seu olhar e de suas palavras. Vocês não têm direito a todos os enunciados possíveis: somente aos que me são favoráveis, do contrário se degradarão a algozes. Absoluta porque incensurável, a palavra da vítima é o mais astuto travestimento do que Lacan chamava «Discurso do Mestre»: um discurso que, tendo por base uma regra fundada somente em si mesma, mas suplementada pelo direito ao ressarcimento do qual a vítima desfruta, impõe o tom da réplica, fixa o contexto, determina os termos do confronto e proíbe que eles sejam modificados, para o bem (supostamente) do interlocutor.

O Mestre, escreveu Slavoj Žižek, comentando Lacan, «é aquele que recebe de modo tal que quem doa perceba a aceitação do próprio dom como um prêmio». Não: fiquem tranquilos, concordem comigo, mas na verdade: concordem comigo e ficarão tranquilos.

### Porque fui eu que disse

Mas essa transferência se propaga por contágio a campos em que teoricamente prevaleceriam regras diferentes: por exemplo, no cada vez mais frágil e desestruturado da literatura, terreno de incursões de um mercado editorial asfíctico, seco e autodestrutivo, privado praticamente de todo espírito crítico que deveria constituir sua levedura, se não sua lei.

Esclareçamos porém: os escritores sempre se fizeram de vítimas, e frequentemente por bons motivos, literários se não humanos: a atitude «agônica» do romantismo em relação às vanguardas é um *tópos* da historiografia literária. Foi incorporado por quem menos se esperava. Eis, por exemplo, o faceiríssimo Arbasino de um célebre artigo, «La gita a Chiasso», escrito quando começava a estar em voga lamentando o atraso cultural dos amigos, colegas e concidadãos (mas, secretamente, ou melhor, evidentemente, se divertindo: eu sim que sou avançado):

> Mas por que — é lícito perguntar — nós que não temos culpa nenhuma somos ainda hoje obrigados a estar mal e sofrer sempre penas gravíssimas em consequência do fato de que um grupelho de literatos autodidatas nos anos 1930 em vez de estudar pelo menos uma gramática estrangeira e de fazer um passeio a Chiasso aproveitando para comprar alguns livros importantes [...] tenha desperdiçado os trinta melhores anos da vida humana lamentando-se por nada e perdendo tempo inventando a roda?

Corria o ano de 1963. Apenas três anos depois os Rokers cantariam: «Vemos um mundo velho que/ está despencando em cima de nós./ E que culpa nós temos?».

Mas o fenômeno nos dias de hoje assumiu uma nova dimensão. Observe-se por exemplo o caso de um escritor talentoso como Antonio Moresco. Seu carisma autoral foi construído, mais do que sobre a indiscutível capacidade literária de suas obras, sobre o seguinte curto-circuito de paralogismo:

eu, um excluído, ainda acredito na possibilidade da grandeza literária, enquanto vocês, poderosos — escritores consagrados, críticos coroados, funcionários editoriais cínicos e desiludidos —, já não acreditam: assim, o fato de vocês não me publicarem demonstra que sou um grande escritor, porque é evidente que vocês se comportam assim para não serem desmentidos. O silêncio de vocês é meu coroamento. Eu me autoproclamo um grande escritor. E escolherei autonomamente meus companheiros, desde que não sejam suficientemente outros para que não possam às vezes me criticar, o que em minha língua equivale a traição. O que se seguiu (ainda que não apenas por isso) foi que Moresco teve seus livros publicados pelas principais editoras italianas, além de ter reunido em torno de si uma fileira de admiradores, dentre os quais escritores e críticos de peso. Tudo de boa-fé, o que é ainda mais significativo. Uma história de sucesso exemplar num cenário de tantos outros sofrimentos destinados a permanecerem obscuros, do qual a internet é ao mesmo tempo o arquivo e o cemitério.

Assim, não é fortuito que essa atitude prospere e se propague no universo da web 2.0, que mesmo estando sob o rígido controle dos grandes gestores é também o paraíso imaginário da subjetividade desvinculada, incontrolada, sem filtros aparentes. A cada um seu ip, e a liberdade de afirmar absolutamente tudo o que quiser. Mas ai de quem nos questionar! A verborrágica agressividade das *mailing lists*, dos fóruns e blogs abertos a comentários estão aí para demonstrar. Triunfo paródico do espírito crítico, anulando-o e desperdiçando a saudável, liberatória potência da negação (Adorno dizia que crítica é introduzir negatividade no ser) em um círculo entre ocioso e vicioso, distribuído geralmente em quatro fases, sempre as mesmas: 1) não é como vocês dizem; 2) é como eu digo; 3) porque sim; 4) se vocês não concordam, é porque têm algo contra mim. A rede é um meio que abre possibilidades terríveis e maravilhosas, e exatamente por isso é cheia de oligarcas potenciais, *sans-culottes* que se acham Pitágoras e vice-versa, e a crítica é precisamente o contrário do medo, da propriedade, da autoridade, da identidade que deseja permanecer inalterada. Um paradoxo espirituoso, a chamada Lei de Godwin, aferra melhor do que muitas análises a substância da questão: quanto mais se estende um debate na internet, é mais provável que uma comparação em relação a Hitler ou aos nazistas se aproxime de 1.

## Concorrências

O encontro com Hitler é esperado. Foi difícil não mencioná-lo até aqui, e alguém provavelmente terá se surpreendido. Na fenomenologia que estamos reconstruindo, Hitler e a Shoah deveriam aparecer em primeiro lugar. Não o Hitler e a Shoah reais, que fique bem claro, mas sua incessante e obsessiva repetição nos âmbitos mais contrastantes da ideologia e do imaginário contemporâneo. E também na linguagem cotidiana, infelizmente, com consequências de intolerável banalização daquela que foi uma tragédia imane: um condomínio tem um regulamento nazista, um canil mal administrado é um campo de concentração, uma transformação social como a passagem da Itália rural à Itália industrial é um genocídio cultural (responsável por esse ultraje linguístico é ninguém menos que Pier Paolo Pasolini). O extermínio nazista dos judeus transformou-se no principal paradigma ético-político contemporâneo, fonte de inúmeros confrontos, comparações, advertências, evocações pertinentes e descabidas. O que é ainda mais paradoxal, no que se refere à eficácia simbólica do tema, baseia-se exatamente no postulado oposto, ou seja, no argumento do primado: o crime mais atroz, um sofrimento incomparável, o malvado dos malvados, a vítimas das vítimas. Com a consequência, passados já setenta anos e quase extinta por motivos geracionais a memória direta dos protagonistas, de transformar em um perverso fantasma de desejo algo que ninguém poderia jamais almejar viver nem mesmo em seus sonhos mais delirantes. Albert Camus teria dito a Elie Wiesel: «Invejo-o por Auschwitz». Uma história que se espera seja falsa, é de todo jeito blasfema, e abre da pior maneira possível o sinistro fenômeno que Jean-Michel Chaumont denomina «concorrência das vítimas», a disputa pelo primado do sofrimento, as macabras disputas entre os humilhados. Nosso genocídio foi pior do que o de vocês; o nosso é o único verdadeiro, e vocês não têm o direito de se comparar a nós; o nosso começou antes; o nosso durou mais; vocês não têm legitimidade para falar do seu porque não condenaram suficientemente o nosso; o nosso foi perpetrado com gás; o nosso com facões; o nosso por motivos ideológicos; o nosso por exploração econômica. O que explica também a demência paranoica dos negacionistas, que se autovitimizam excluindo-se assim de uma das poucas teses compartilhadas com o inteiro consenso humano e fechando-se no gueto da execração universal. Ou a espantosa aparição de impostores como o suíço Binjamin Wilkomirski ou o espanhol Enric Marco, que fingiram ter sido deportados a Auschwitz; decerto não é esse o método mais engenhoso para suportar as penas do viver, mas algo infinitamente mais doloroso, o indício de uma ausência muito mais radical. Também são testemunhos, mas do quê?

Voltaremos a essa questão. Limitemo-nos agora a esboçar um léxico mínimo. Os termos-chave são: perda, obviamente, e depois primado, herança e impunidade. Perda de certa capacidade de produzir orientações éticas e atos políticos adequados à situação presente sem o contínuo recurso a um passado que em vez de superar a si mesmo em história se transforma em legenda fundadora, episódio exemplar, narrativa edificante, tanto para os que pensam que o próprio sofrimento foi único quanto para os que se apropriam do forte caráter icástico da catástrofe alheia da qual deriva um esquema de leitura passional com o qual interpretar e comunicar seu próprio sofrimento, com o resultado de conseguir ser infiel à verdade de todos. E assim, na perda de outros, gera-se o direito de existir que sozinho não consigo me dar: e o desaparecimento deles preenche meu vazio.

Primado, porque não se pode suprimir a necessidade que se tem da primariedade em algo: não é que nos veem piores, escreveu Virginia Woolf sobre os misóginos, é que querem ser melhores do que nós. Insopitável mas ao mesmo tempo interdito por uma *bienséance* universalista atualmente difícil de contradizer, ao menos em público, que não admite culturas ou mentes superiores por natureza. A fera loura de Nietzsche, o aristocrático que reivindica o direito ao predomínio já não são aceitos em sociedade. Daí o surgimento dessa forma morbosa de aristocracia da dor, de meritocracia da desventura — e secretamente, mas às vezes nem tanto, da convicção: se nos odeiam é porque somos melhores. Não o amor mas o ódio é a prova, entonado em sua corda mais aguda, a inveja. Com a consequência nefasta de não conseguir amar a si mesmo a não ser graças aos bons préstimos da aversão alheia.

Herança, porque a posição da vítima se faz tão mais chantageadora à medida que desaparecem seus efetivos titulares. Geralmente são os descendentes, dos mortos e dos sobreviventes, que exigem um reconhecimento que seus antepassados jamais teriam sonhado em pretender. Reconhecimento obtido mediante uma operação logicamente impossível, ainda que retoricamente eficaz. Como se pode herdar uma dor? É natural que sofram os filhos, e por reflexo os netos; mas e depois? Em todo caso, em nome de qual imperativo? De fato, o absurdo emerge tão logo se inverte a perspectiva: quem em sã consciência e probo de coração recomendaria a seus descendentes continuar a sofrer por ele? Tragédias por procuração, ressentimentos em concessão. Um ressentimento no qual se lê a tentativa espasmódica de re-sentir (sentir mais uma vez, sentir de novo) o que já não se pode sentir, e que testemunha na realidade um catastrófico defeito no próprio sentir. Herdar uma intensidade não vivida é uma vantagem aparente, sinal de atrofia, não de riqueza. Triste destino o de quem se reduz a usurpar aos mortos o suplemento de vitalidade que lhe falta.

Impunidade, por fim; essa sim é verdadeiramente uma vantagem pragmática, ainda que seja uma faca de dois gumes. O herdeiro da vítima pretende para si o mesmo certificado de incensurabilidade que corretamente se emite àqueles que foram feridos. Mas, além do fato de que a vítima real também é incensurável somente no que padeceu, e que o salvo-conduto não se estende a suas ações passadas e futuras, tanto menos a esse salvo-conduto tem direito aquele que só é vítima por via agnatícia. Parece óbvio, mas não é. Muitos conflitos internacionais dos últimos trinta anos podem ser lidos por essa lente (desde o conflito árabe-israelense e a ex-Iugoslávia até a desastrosa guerra ao terrorismo promovida pelo governo americano durante a presidência de George W. Bush), com todos os atores na desesperada busca de um superávit de boa consciência em nome das vítimas passadas que permita não pagar pedágio para as vítimas futuras, as evitáveis, as únicas por quem o presente é verdadeiramente responsável.

Perda, primado, herança e impunidade são os quatro pilares da concorrência das vítimas. Pilares que não resistem ao impacto da crítica, destinados a gerar polêmica própria à causa de suas evidentes falácias. Todos apontam para a do outro. Quem se sente em falta obtém reconforto do desmascaramento da falta do outro. Mas é um reconforto envenenado, mais letal que o desconforto que pretende curar. Ninguém se torna verídico demonstrando que o outro mente. E nem mesmo é possível atribuir-se veridicidade por si mesmo. Prova disso é a angústia que se experimenta com a descrença perversamente despejada sobre os outros (perverso é, ensina a psicanálise, quem projeta nos outros o próprio *manque*, a própria mutilação, a própria cisão). A tentativa de ser reconhecido como vítima primeira e máxima, se não única, à qual se dedica quem evidentemente duvida das próprias qualidades positivas, é destinada à derrota, à perversa infinitude da coação a repetir, ou seja, à pulsão de morte.

### Vulneráveis

Interrompamos aqui, nesta áspera soleira, nossa sequência de exemplos. Poderiam ser acrescentados outros tantos, por exemplo a recente descoberta do *mobbing*, como se os operários da Fiat inscritos na Fiom no pós-guerra também não tivessem experimentado as «seções confinamento».[4] Mas o quadro geral, com os exemplos apresentados, deve ter

---

4 Fiom é a Federação dos Metalúrgicos italianos. Com «seções de confinamento», o autor se refere à decisão polêmica do grupo Fiat de isolar os operários que ou por militância sindical ou por reduzidas capacidades de trabalho não aguentavam, ou não queriam aguentar, o ritmo das inovações tecnológicas. [N. T.]

ficado bastante claro. Subjacente à máquina mitológica da vítima encontra-se um enunciado geral, uma teoria implícita — e, se impensada, irresponsável — do humano. Soa assim: o humano é o que pode ser ferido; é o que se define como tal. Estirpe mortal, a humanidade não se caracteriza pelo uso sempre indeterminado que pode fazer da própria constitutiva incompletude, mas por uma falha originária que, não reconhecendo em si mesma nenhuma potência, pode ser tutelada somente por meio da aquisição do poder (momentaneamente; enquanto dure; por isso essa sua obsessão pelo passado e seu terror do futuro).

É digno de nota, porém, que mesmo perspectivas éticas que nas intenções se propõem objetivos opostos correm o risco de contribuir para esse resultado: um risco ínsito em não ter criticado o paradigma. Quando Emmanuel Lévinas, talvez o maior inspirador da ética contemporânea, escreve frases como esta:

> É necessário pensar até as últimas consequências a dimensão do homicídio presente na morte. Toda morte é homicídio, é prematura, e o sobrevivente possui uma responsabilidade.

ou, quando Jacques Derrida, desde sempre em estreito diálogo com Lévinas, por sua vez glosa:

> Mas aprender a viver, aprendendo apenas por si mesmo, aprender sozinho e por si mesmo, não é, para um vivente, o impossível? Não o impede a própria lógica? Viver, por definição, não se aprende nem se ensina. Não por si mesmo, da vida pela vida. Somente pelo outro e pela morte. Em todo caso, pelo outro no bordo da vida. No bordo interno ou no bordo externo, trata-se de uma heterodidática entre vida e morte. E mesmo assim nada é mais necessário do que essa sabedoria. É a própria ética.

não é necessário acrescentar muito mais. O dever de reconhecer o outro se realiza plenamente só como um atestado de desaparecimento. O outro vivente é apenas um morto na sala de espera, cuja morte contribuo a antecipar em efígie no momento em que me exponho à sua face. Pode me ensinar apenas como futuro morrente — a significar que sua função essencial é me transmitir o anúncio de minha morte por meio da sua. No coração do outro se aninha o mesmo, e é por isso que para Derrida a ética é essencialmente a «experiência do impossível», enquanto Lévinas, coerentemente, deve invocar como garante do fato ético um «totalmente Outro», não recíproco porque imortal, como Deus.

Mas não acontece o mesmo com René Girard? Para ele, tudo começa com o desejo, que não deve ser confundido com a necessidade. Há desejo todas as vezes que se quer algo apenas porque outro também o quer. O desejo nunca é espontâneo ou inocente, mas mediado, contaminado na origem pelo que Girard chama «mecanismo mimético», e encontra na rivalidade sua forma de expressão natural. Donde o insurgir de conflitos e violências, o perigo constante, para uma humanidade ainda na soleira da animalidade, de implodir na autodestruição, se em determinado momento não intervier a crise sacrifical, a individuação do bode expiatório, vítima inocente de um primitivo homicídio fundador por meio do qual encontram desafogo a agressividade acumulada e a angústia impressa na indiferenciação dos desejos. Em vez de admitir a semelhança, prefere-se postular uma diversidade fictícia naquele que se torna objeto de linchamento, e que foi na verdade escolhido porque é exatamente como todos os outros. Com o tempo, sucessivamente, a crise sacrifical encontra sua forma de codificação no sacrifício, que constitui a mudança definitiva no processo de hominização e a prima forma de vínculos sociais. Todas as sociedades são derivadas disso, e somente graças a isso sobrevivem. Para Girard, todos os ritos e todos os mitos remetem a isso, histórias ao mesmo tempo fundadoras e falsas que servem para racionalizar a falta de fundamentação do dispositivo sacrifical não desconsiderando sua pedra angular, a inocência da vítima.

A esse círculo, ao mesmo tempo salvífico e infernal, contrapõe-se segundo Girard a mensagem cristã com suas prefigurações veterotestamentárias. O Evangelho descontrói a lógica do sacrifício porque anuncia o evento de um deus que se faz homem para tomar para si o papel da vítima inocente. O cristianismo divide irreversivelmente em dois a história humana: depois de Cristo, ninguém mais poderá afirmar que a vítima é realmente culpada (ou, e é a mesma coisa, que o desejo é inocente, não mediado, não mimético, não rival): «O cristianismo faz exatamente isto: revela que a vítima é inocente. No fim das contas, a vítima é o filho de Deus». Consequência: para que a ética exista, a vítima inocente é necessária. «O princípio da defesa das vítimas tornou-se o novo absoluto. Ninguém o coloca em dúvida, não é preciso nem mesmo nominá-lo, já nem prestamos mais atenção». O fato de a partir desse postulado se regenerar imediatamente o circuito perverso do desejo mimético é um problema que não foge a Girard:

> Hoje se pode perseguir apenas declarando ser contra a perseguição. Somente os perseguidores podem ser perseguidos. Quem deseja satisfazer o próprio desejo de perseguição deve demonstrar ter como adversário um perseguidor.

Nada mais distante de Girard do que o Giorgio Agamben de *Homo sacer*, se o *Homo sacer* da antiga Roma, que ele individua como o arquétipo da «vida nua» cujo governo é exercido pela biopolítica moderna, é aquele que não pode ser sacrificado porque colocado fora da lei de qualquer ordenamento jurídico.

No entanto, sem repercorrer aqui suas argumentações rigorosas, leiamos rapidamente as três teses que emergem no texto inaugural da série:

A relação política original é o bando, o estado de exceção entre externo e interno, exclusão e inclusão.

A prestação fundamental do poder soberano é a produção da vida nua, como elemento político original e como limiar de articulação entre natureza e cultura, zoé e bios.

O campo e não a cidade é atualmente o paradigma biopolítico do Ocidente.

O corolário é que a quintessência da vítima, o «muçulmano», o interno no campo de concentração, atingido o limite máximo da exaustão e da indiferença entre a vida e a morte, é também o «portador de uma forma inaudita de resistência»; uma resistência contra a qual os golpes dos guardas aparecem paradoxalmente impotentes, enquanto uma lei que «pretende fazer-se integralmente vida acha-se aqui diante de uma vida que se confundiu em cada ponto com a norma, e essa indiscernibilidade ameaça a *lex* animada do campo». O alvo que não pode e não quer desviar dos golpes desativa a norma, contagiando-a com sua impotência. Mas, dado que «querer» é um predicado que não se pode atribuir a quem já não tem nenhuma força, é preciso pensar que na vida nua existe uma *dynamis* subjacente, uma potência intrínseca que se revela somente no ato de sua extrema espoliação. São eles, os «muçulmanos», aqueles que já não podem testemunhar, as verdadeiras testemunhas — esse é o paradoxo de Primo Levi que Agamben comenta em *O que resta de Auschwitz*.

De maneira análoga, em trabalhos como *Vida precária*, *A vida psíquica do poder* e *Crítica da violência ética*, Judith Butler põe em equivalência termos como relacionalidade, vulnerabilidade e responsabilidade:

> Cada um de nós é em parte politicamente constituído das vulnerabilidades sociais do próprio corpo como lugar do desejo e da vulnerabilidade física, lugar de uma dimensão pública ao mesmo tempo exposta e assertiva. A perda e a vulnerabilidade são consequências do fato de sermos corpos socialmente constituídos, fragilmente unidos aos outros, correndo o risco de perdê-los, e expostos aos outros, sempre com o risco de uma violência que dessa posição pode derivar [...]. A vulnerabilidade deve ser percebida e reconhecida para que possa entrar na dinâmica do encontro ético.

O fato de sermos estruturalmente abertos à violência do outro não é um incidente, mas o que nos interpela e nos constitui como sujeitos: «Essa vulnerabilidade identifica o sujeito como ser suscetível de abuso». É somente na aceitação desse dado originário que se desenha o exíguo espaço do nosso poder-fazer; do contrário há o risco de um solipsismo ético e de uma paranoia securitária. O que coloca radicalmente em discussão a própria oportunidade de poder reagir à violência com a violência, opção na qual Butler parece unir as insurgências revolucionárias e a política da administração americana depois dos ataques do Onze de Setembro:

> O fato de ser, originária e completamente contra nossa vontade, violadas e agidas, é sinal de uma vulnerabilidade e de uma dependência em relação à qual não podemos fazer de conta. Podemos nos defender somente reforçando a associabilidade do sujeito ainda que em detrimento de sua difícil, ingovernável, às vezes insuportável racionalidade. Mas o que significaria construir uma ética de um âmbito de radical inintencionalidade? Poderia significar, por exemplo, não se opor à exposição originária e constitutiva do Outro [...] mas sim

assumir a própria insuportabilidade dessa exposição como sinal e advertimento de uma vulnerabilidade comum, de uma fisicidade comum e de um risco comum.

Somente aprendendo a estanciar na condição de vítima ontológica é possível reduzir o grupo das vítimas pragmáticas. Antes a ofensa intrínseca, em seguida sua domesticação, sempre por vir e sempre estruturalmente incompleta, enquanto hesitaria em seu oposto se por acaso a pretendesse definitiva.

O que equivale a dizer, com as palavras de um epígono da Escola de Frankfurt como Axel Honneth, que o reconhecimento ocorre se, e somente se, previamente houve um desconhecimento, subjacente, mais originário. Para que possamos reconhecer precisamos antes ter sido desconhecidos:

> Em primeiro lugar, o núcleo conceitual do que se apresenta sob o nome de «dignidade humana» é acessível somente indiretamente, ou seja, somente por meio da especificação dos modos da humilhação e da ofensa pessoal. Em segundo lugar, somente essas experiências negativas de desprezo e de ofensa deram a força propulsiva prática

à constituição, dentro do processo histórico, das garantias da dignidade humana como objetivo normativo [...]; se o conceito de dignidade humana, de sua completa integridade, se deixa vencer somente próximo do recurso à determinação histórica dos modos da ofensa e do desprezo pessoais, isso quer dizer, invertendo o discurso, que a integridade das pessoas depende de maneira constitutiva da experiência do reconhecimento intersubjetivo.

É passado muito tempo de quando Adorno, escrevendo imediatamente após Auschwitz, atribuía à filosofia o dever de revelar as figuras do falso à luz da verdade que virá:

A filosofia, que somente poder-se-ia justificar diante do desespero, é a tentativa de considerar todas as coisas da maneira como se apresentariam do ponto de vista da redenção. O conhecimento não possui outra luz além daquela que emana da redenção sobre o mundo: todo o resto se exaure na reconstrução a posteriori e faz parte da técnica. Trata-se de estabelecer perspectivas nas quais o mundo se desestabilize, se estranhe, revele as fraturas e rachaduras, como se mostrará um dia, deformando, falho, na luz messiânica.

Hoje impera o movimento contrário: rachaduras, fraturas e traumas são o verdadeiro, o fundamento. Que luz isso joga no mundo é a questão que temos de nos colocar.

Um abismo, claramente, divide o vitimismo oportunista de Honneth, Butler, Agamben, Girard, Derrida e Lévinas, dos quais, na verdade, aproveitamos mais assonâncias do que argumentos. Mas é um abismo que pode ser percorrido, e o fio que une os extremos é uma ontologia comum da fraqueza, da nudez e da perda. O humano se define mediante o que não pode. No centro de um abismo há sempre o vazio. A esse vazio, que a mitologia da vítima se propõe preencher, temos de direcionar nosso olhar. Vazio do quê? Quando começou? Porque a hipótese que nos guia é a de que aquela mitologia seja um sintoma de uma situação histórica, e não de uma condição ontológica. Histórico é o que uma vez teve início, a introdução de uma descontinuidade, o emergir de uma «positividade», teria dito Foucault, que antes não existia. Fragilidade e mortalidade existem desde sempre, a ideologia vitimária, não. Tentemos, então, localizar esse início, e as funções, se não origens e as causas, do diferente uso estratégico que essa ideologia faz de elementos que em si mesmo são insupríveis da condição humana. Demos um passo para trás, ainda que não muito longo.

# Capítulo 2

A rigor, o preenchimento vitimário do próprio defeito de subjetividade não é exclusividade de nosso tempo. Uma genealogia da modernidade não poderia por exemplo ignorar sua presença maciça em um de seus pais fundadores, Jean-Jacques Rousseau. De suas obras políticas, centradas no experimento lógico de uma inocência originária perdida («Ignoremos todos os fatos», dizia Rousseau sobre o estado de natureza, que «provavelmente nunca existiu, e provavelmente nunca existirá») até seus volumosos escritos autobiográficos, *Confissões*, *Diálogos*, *Devaneios*, que com o passar dos anos eram cada vez mais minados pela paranoia de perseguição: processem-me, condenem-me, chega a escrever nos *Diálogos*, e em minha condenação resplandecerá sua culpa. Nem se pode dizer que o nacionalismo do século XIX não tenha recorrido ao culto dos mártires; que não tenha havido uma retórica miserabilista no movimento operário; que a autovitimização com fins de poder fosse, lamentavelmente, desconhecida ao Hitler do *Mein Kampf*.

Mas era um elemento em uma miríade de cores, em uma paleta na qual predominavam os tons da *agency* [agência], do impulso de transformar a si mesmo transformando o mundo, que é o outro nome da modernidade que Fredric Jameson nos convida a considerar, mais do que como uma época, como um tropo, uma narração, uma assimetria temporal entre sujeito e objeto (e Michel Foucault como um *ethos*, uma atitude, um comportamento): diametralmente oposto às ansiosas preocupações de consolidação identitária que atormentam nossas sociedades contemporâneas. Um paradigma heroico, escreveu Jean-Marie Apostolidès em *Heroisme et victimisation*, que resistiu bem ou mal até os anos 1960. Mas sucessivamente algo mudou, e o paradigma vitimário passou a predominar. Um predomínio paradoxal, caso se queira localizar seus pródromos em um decênio que nos acostumamos a figurar como sendo um período de promessas, esperanças, conquistas e direitos. Como isso pôde acontecer?

## Queremos tudo

A passagem de uma sociedade de produção para uma sociedade de consumo, anunciada no Ocidente naquele decênio e prosseguida sucessivamente até nós, foi definida das mais variadas maneiras conforme prevalecesse o louvor ou a desaprovação. Neocapitalismo, sociedade de serviços, sociedade do espetáculo, sociedade dos simulacros, pós-modernidade, hipermodernidade; rótulos e diagnósticos que retrospectivamente se equivalem. Ao privilegiar uma entre as tantas definições possíveis é apenas por congruidade com elementos já familiares a nosso discurso, além do sucesso — e as retomadas vigoram em relação ao pensamento — que experimenta em nossa época. Nos termos de Jacques Lacan, o que aconteceu pode ser descrito como um trânsito do Discurso do Mestre ao Discurso do Capitalista.

O primeiro é centrado na dialética entre proibir e redeslocar as energias armazenadas com a repressão, e se harmoniza bem com a ética protocapitalista descrita por Max Weber: abstém, economiza, junta, reinveste, privilegia o futuro em relação ao presente, procrastina ao máximo teu desejo. No Discurso do Capitalista, por sua vez, a instância inibidora se anula em benefício de um superego não menos exigente, o qual, entretanto, injunge: consome, desperdiça, aproveita; tua felicidade é aqui e agora, toda e de uma vez, sem obstáculos internos e possivelmente sem obstáculos externos. O mundo está aqui à tua disposição; não te submetas à lei do outro; acredita em teu imaginário como se fosse a coisa mais verdadeira e correta existente. É teu direito, e se te negam tu és uma vítima. Para ti — assim como para todos, mas para ti de modo especial — é reservado o acesso àquela Coisa sempre perdida que é a fusão com o corpo da mãe, a unidade originária que foi perdida, o fim do esforço, a liberação definitiva de toda e qualquer tensão.

Promessa irrealizável, destinada a gerar perenemente insatisfação, sem poder oferecer em troca a possibilidade de racionalizar a frustração que, segundo Freud, nos ajuda a aceitar a renúncia aos instintos, o disciplinamento pulsional, o mal-estar da civilização. Nenhum objeto pode preencher o vazio de um sujeito que já não se protenda projetualmente em direção ao futuro, e que não queira responsabilizar-se por seu passado. A essa situação tenta obviar como um unguento a fada Morgana da identidade, vista em sentido de propriedade como algo que se tem, se possui, se constata, indiscutível como um direito natural, inalienável, indivisível, ainda que tudo ao redor tenda a mostrar cada vez mais, ao contrário, quanto é uma pretensão imaginária, fungível, factícia, e nem mesmo livre, porque conferida externamente: os caprichos da mercadoria, as flutuações do mercado, o imenso poder da finança, a performatividade do algoritmo. No lugar do sujeito — aquele que faz, media, se confronta e fazendo isso devém —, descontruído por cinco décadas de teorias pós-modernas, instala-se um simulacro que é tanto mais sombra quanto mais estável se pretende; um simulacro cuja postura vitimária confere um suplemento de coesão aparente, assumindo homeopaticamente uma passividade que se transforma de maneira adialética em prestígio: tenho minha própria identidade e tenho as provas, e todos vocês são obrigados a reconhecer. O Discurso do Mestre não desaparece, se transforma, tolerante consigo mesmo e intolerante com os outros. O «tu» do «tu deve» perde sua flexão reflexiva, autopoiética, se converte em um tu real, externo, um perene «vocês devem», «vocês me devem». Vence aquele que obtém o discurso mais eficaz, ou seja, o discurso mais chantageador.

Seriam possíveis muitas objeções. Em primeiro lugar: mas os anos 1960 não foram também os anos de luta, das reivindicações, dos projetos e das utopias ainda que talvez quiméricas (como um liberal conservador como Lacan teria definido o Discurso da Histérica)? Mas é claro que aqui estamos reconstruindo um modelo, não uma história geral. Não aconteceu tudo de uma vez, nem do mesmo jeito. E tanto menos se deve ceder à tentação de eliminar toda a heterogeneidade histórica à luz do que hoje se sabe, assim se esse é o modelo que venceu mesmo o que parecia ser-lhe oposto era na verdade corréu, feito da mesma farinha. Desse jeito é melhor o incisivo *vae victis* historicista: se havia outros modelos e eles perderam, pior para eles, teriam comentado candidamente Hegel e Croce. Mas distinguir é o ofício da crítica. Não é a mesma coisa o «queremos tudo» dos operários do outono efervescente cuja batalha foi cantada por Nanni Balestrini e o dos hodiernos consumidores compulsivos; mas também não são desprovidos de parentesco. A mitologia vitimária nos dá um ótimo instrumento de *discrimine*.

Os anos 1960 e 1970 foram um tempo de vanguardas, de esboços, de antecipações, e um olhar genealógico, no sentido que Nietzsche dava a esse termo, pode nos mostrar como muitas coisas se tornaram o que são a partir de uma primeira manifestação que parecia prometer o contrário, sem por isso anular as diferenças e aniquilar as intenções dos atores. Intenções, porém, que não podem ser alçadas a última instância do juízo, enquanto não necessariamente os atores dos eventos têm uma visão mais precisa e fidedigna daquela dos observadores: os homens fazem sim a história, mas não sabem e nem decidem como. Somente o futuro pode infelizmente estabelecer o que de fato foi antecipação e do quê. Por isso alinhemos alguns pontos antes de voltar a nosso presente.

### A vergonha e o orgulho

26 de junho de 1967. Por ocasião de um colóquio nova-iorquino organizado pela revista *Judaism*, Elie Wiesel, sobrevivente do Holocausto e autor de *A noite*, pronunciou a seguinte alocução:

> Por que temos que pensar o Holocausto com vergonha? Por que não reivindicá-lo como um capítulo glorioso da nossa história ideal eterna? A verdade é que o Holocausto mudou o homem

e mudou o mundo, melhor dizendo, não mudou o homem mas mudou o mundo. Ele representa ainda hoje o maior acontecimento da nossa história. E, assim, por qual motivo nos envergonhamos? Ele teve o poder de até mesmo influenciar a linguagem. Os bairros dos negros são chamados guetos, Hiroshima é explicada usando Auschwitz, e o Vietnã é descrito com termos que foram utilizados pela geração precedente. Hoje, tudo gira em torno da experiência do Holocausto.

Da vergonha à altivez: a maré mudou. À vergonha inculpada dos sobreviventes, autores como Primo Levi e Jean Améry dedicaram páginas intensas. Analisando-a, indagando-a e até mesmo repudiando-a; mas em nenhum caso transformando-a em motivo de orgulho: «Seria deveras ridículo», teria escrito Améry, «reivindicar orgulhosamente algo que não se fez mas que foi simplesmente infligido». Uma posição vencida de quem ainda tem o olhar no tempo no qual os supérstites dos campos de concentração não eram escutados com prazer, seja na Europa, seja nos Estados Unidos e até mesmo em Israel, quando Primo Levi não encontrava um editor disposto a publicar *É isto um homem?*, e o orientador da tese de doutorado de Raul Hilberg, autor do pioneiro *A destruição dos judeus europeus*, considerava um suicídio acadêmico dedicar-se nos Estados Unidos a um assunto do gênero. Nos anos que intercorreram entre o Processo de Eichmann (1961), no qual pela primeira vez foi dedicado amplo espaço às palavras das vítimas, e a Guerra dos Seis Dias (1967), uma espantosa proeza militar de Israel, um choque sísmico resgatou as testemunhas do ostracismo no qual se encontravam para projetá-las no centro da cena, transformando-as agora de testemunhas em juízes (6 milhões de acusadores, escreveria em suas memórias Gideon Hausner, procurador do Processo de Eichmann), custódios de uma palavra verdadeira, de sabedoria, de amestramento. Uma palavra já não nua, mas emoldurada e ressignificada por um dispositivo de poder, pedagógico, penal, militar, que a encarna como sua porta-voz permanente. Sustenta Hausner:

> Em todo processo, o fato de estabelecer a verdade e a enunciação do veredito não são apenas elementos do debate. Todo processo implica uma vontade de ressarcimento, um desejo de exemplaridade. Chama a atenção, narra uma história, exprime uma moral.

Não é essa a sede para reconstruir em detalhe o extenso mas retilíneo percurso que elevou o Holocausto de argumento constrangedor, silêncio e autocensura, a objeto de uma verdadeira e própria religião civil (também mediante uma atenção cada vez maior que lhe dedicaram a imprensa, o cinema, a televisão, as instituições museológicas, as escolas e as universidades); nem o debate infinito a respeito da unicidade, da primazia e da incomparabilidade com outros genocídios; nem sua inevitável aplicação pública como filtro interpretativo e instrumento propagandista no conflito no Oriente Médio (os palestinos como herdeiros de Hitler; os israelenses que teriam aprendido com Hitler etc.). Existe uma bibliografia enorme sobre o tema. «Não há uma guerra em Israel», escreve por exemplo a historiadora israelense Idith Zertal, «que não seja percebida, definida e conceitualizada em relação à Shoah». Mas, se em um primeiro momento isso respondia a um compreensível objetivo de construção da identidade nacional (de vítimas inermes a nunca mais vítimas porque não mais inermes), com o tempo a menção a Auschwitz perdeu o significado de referimento a um fato histórico preciso e tornou-se um *passe-partout* meta-histórico capaz de eximir os líderes israelenses de qualquer crítica, externa e interna:

> A Shoah é inserida direta e metaforicamente na vida cotidiana de Israel, conferindo-lhe, dessa maneira, significados que a transcendem, incluindo, por exemplo, a potência e a ideologia da potência. Potência à qual se atribuiu um valor qualitativo que vai além da dimensão secular e histórica: ou seja, uma qualidade transcendental e inefável [...], em razão da absoluta inocência e justiça dos judeus, de um lado, e da imperecedoura hostilidade dos gentis, do outro; um complexo de coisas que teve na Shoah o seu acme.

Somente a posição vitimária, não mais vivida como acidente, afeição, causa externa (alguém te faz alguma coisa), mas como substância, essência, natureza intrínseca, pode garantir esse nexo entre inocência e potência. Na história profana, os dois termos se excluem: ninguém se faz poderoso com métodos inocentes. Poder, dizia Shakespeare, é possibilidade de fazer o mal. Daí a necessidade do deslocamento da história à ontologia: herdeiros das vítimas, vítimas potenciais, vítimas eternas, e, já que eternas, também vítimas atuais, plenamente legitimadas a agir como quiserem sem ter de dar satisfação a ninguém além de si mesmas. Nada mais significativo nesse sentido do que uma frase atribuída — verdadeira ou apócrifa, seja como for uma interpretação — a Golda Meir: «Ó árabes, talvez um dia nós possamos perdoá-los por terem assassinado nossos filhos, mas não os perdoaremos jamais por nos terem obrigado a assassinar os seus». Quem fala assim exclui a possibilidade de que um dia talvez seja ele a ter de vir pedir perdão, como acontece a todos. Está sozinho. As agruras comuns deste mundo não lhe concernem. Não aceita ser parte da causa. Ao direito do mais forte acrescentou o direito do mais fraco, na aspiração a uma totalidade sem fissuras, cisões, conflitos no próprio interior — uma identidade no sentido mais etimológico, mais monolítico da palavra, e não um sujeito histórico que no conflito, em primeiro lugar consigo mesmo, encontra sua razão de crescimento, porque o conflito é um processo que nos constitui, nos estrutura, nos leva a redefinir continuamente nossas posições.

## Vocês me obrigaram

Mas deixemos de lado o cenário do Oriente Médio, por demais complexo para poder ser enquadrado utilizando apenas categorias éticas e psicológicas. E é evidente o contágio vitimário que se transmite por via mimética ao outro lado da barricada, ou seja, a narração da história palestinense em termos de *Nakba*, catástrofe, um calque evidente do termo «Shoah». Nenhuma assunção de responsabilidade, também nesse caso, nenhuma crítica às próprias classes dominantes, nenhuma tomada de distância das próprias razões, das carências do próprio aparato cultural, da rede de interesses e cumplicidades que uniu os destinos das populações árabes às venturas e desventuras das elites pós-coloniais corruptas e determinadas a consolidar o próprio consenso atribuindo toda e qualquer culpa ao inimigo externo: não se pode impor essa tarefa severa a quem é traumatizado por uma catástrofe. (Alguns o fazem, obviamente, como Edward Said, mas de uma posição minoritária, assim como em Israel somente minorias colocam em discussão o nexo entre vítima e potência.) Mais interessante é como o modelo se replica, com óbvias variações, em contextos completamente diferentes. Estrela guia, a recusa ou simplesmente o excesso de sofrimento de um sujeito consigo mesmo, e que em vez de captar nisso uma oportunidade salutar expele a contradição para fora da área da própria responsabilidade. Exemplo máximo, a narrativa da guerra americana no Vietnã da maneira pela qual foi reinterpretada (mais do que pela historiografia, pela memorialística ou pela literatura) pelo cinema hollywoodiano, obra de cineastas *baby boomers* que não haviam conhecido diretamente os conflitos precedentes — Primeira e Segunda Guerra Mundiais, Guerra da Coreia — e pensavam que a experiência vivenciada pela própria geração fosse única, inaudita, sem precedentes.

Seria necessário distinguir caso a caso, mas nos permitiremos uma síntese interpretativa; o que une obras como as de Coppola, Cimino, Stone, De Palma, para citar apenas os nomes mais conhecidos, é uma espécie de macroenunciado que pode ser sintetizado assim: nós que combatemos da parte errada, nós, e não os vietnamitas, somos as verdadeiras vítimas de guerra; nós, obrigados a matar mulheres e crianças, a queimar vilarejos, a praticar coisas horríveis — enquanto nossos coetâneos nos Estados Unidos queimam bandeiras e surfam. Destino pior do que os dos mortos foi o dos que voltaram, os veteranos acometidos da síndrome do stress pós-traumático, como Travis de *Taxi Driver*, odiados ao regressarem por uma juventude que nesse meio-tempo havia descoberto o antimilitarismo. Nossa posição em relação ao erro e ao horror da guerra não é política, mas criatural: garotos perdidos na selva, espremidos entre o fogo de um inimigo incompreensível e as ordens de superiores no melhor dos casos cegos e estúpidos, no pior imperialistas e corruptos. Nós não temos nada com isso.

Prova cabal é a fundamental diferença de linguagem entre essa cinematografia e a maneira como a Segunda Guerra Mundial foi representada (com apêndices tardios como *Os boinas verdes*, ambientado no Vietnã e interpretado por John Wayne). No segundo caso, uma épica heroica e objetiva, centrada no modelo da história iniciática. No primeiro, um considerável uso da tomada subjetiva, da câmera de ombro, do monólogo interior ou do diálogo sob as estrelas entre protagonistas que se interrogam, não sobre em quem seria justo atirar ou não atirar, mas sobre o sentido da existência frágil e misteriosa. Uma congruidade perfeita entre temas e estilos que se esclarece *a contrario* quando se analisam obras que a subvertem, como *Além da linha vermelha*, de Terrence Malick, ambientado na Segunda Guerra Mundial mas filmado com uma linguagem exasperadamente subjetiva, intimista, panteística, tendo como fulcro simbólico a dor pela integração falida entre a efêmera criatura e o esplendor eterno do cenário natural. Mas até mesmo o primeiro *Rambo* era assim, antes de se tornar um assassino com boa consciência nos filmes sucessivos da série.

O que vocês nos obrigaram a fazer. De quantas culpas nossas vocês são responsáveis. Jamais perdoaremos vocês pelo que fizemos. Vocês nos omitiram quanto a Monsanto ou a Rand Corporation lucravam. A posição vitimária satura a fenda, anula o conflito, denega-o, rejeita-o, pagando aliás em moedas de sofrimento sincero: a síndrome de stress pós-traumático é o escote de quem, tendo expulsado do Eu um conteúdo de consciência inaceitável, o reencontra em seguida alucinatório e perseguidor no real. Qualquer coisa para não ser considerado culpado, para desincorporar o Nós em um Vocês, para não ser considerado responsabilizável, para transformar a honra da força no alívio da fraqueza. A história é uma sagrada representação de culpados e inocentes, e não há dúvida de em qual lado é decente estar. Uma filigrana de desejo utópico que se entrevê no *recto* em algumas paródias (a paródia, diziam os formalistas russos, coloca a nu os procedimentos revirando-os), como *Forrest Gump*, onde o herói de guerra é um simples abençoado dos deuses, ou como *Os homens que encaravam cabras*, onde um veterano do Vietnã convence o Pentágono a financiar o Exército Nova Terra, uma unidade de forças especiais que previne os conflitos ao ritmo de contracultura bicho-grilesca, mística Jedi, lsd e provérbios New Age, cujo moto é: seja tudo o que pode ser. Único modo aceitável de vencer as guerras, se não de vencer *tout court*.

## Competentes em humildade?

Vergonha e medo de vencer (com o correlato secreto orgulho de ter perdido) são um traço comum a muita cultura de oposição entre os anos 1960 e 1970. *Hasta la victoria*? Talvez não. O que acontece depois?

O que fazer no dia seguinte à revolução? Como se administra o poder? Che Guevara não teria se tornado um símbolo, estendido morto sob a tarimba como o Cristo de Mantegna, se não tivesse abandonado Cuba e seu regime e não tivesse encontrado a morte na Bolívia. Nenhum vietcongue foi agraciado com uma glória iconológica similar, a despeito de todos os Giap e os Ho Chi Minh invocados nas manifestações. Mas tão significativa quanto é a transformação em mártires de rock stars mortos por droga: Jim Morrison, Janis Joplin, Jimi Hendrix, bodes expiatórios que sofreram por nossos pecados e não milionários de sucesso dedicados a gastar seus *royalties* em todo tipo de substância psicotrópica encontrável (com retornos contínuos: nos anos 1990 Kurt Cobain, hoje Amy Winehouse). Já não dizia Allen Ginsberg?

> Eu vi as melhores cabeças da minha geração destruídas pela loucura,
>
> famélicos histéricos nus,
>
> se arrastando pelas ruas do bairro negro ao amanhecer na fissura de um pico.

Poder-se-ia dedicar um estudo completo sobre a narrativa vitimária ligada à heroína (incluindo a teoria da conspiração que vê sua introdução, nos guetos negros primeiro, e sucessivamente em todos os grupos de jovens, como um meio para destruir os movimentos). Vai saber quanta lógica sacrifical supurava na passagem ao ato realizada pelo assassino de John Lennon. E não será difícil ler dessa maneira o maior sucesso do Pink Floyd, *The Wall*, e mais pertinente do que o disco o filme, onde se pede que os espectadores lancinem pelas angústias de Pink, oprimido pelo fato de ter tido uma família e uma educação (um pai morto em guerra, ok, faz parte; mas uma mãe superprotetora e professores severos, não, isso já é demais), além de uma mulher que o trai porque não aguenta mais vê-lo perenemente drogado, uma pletora de tietes ardorosas que o cobiçam, e principalmente gravadoras ávidas que exploram seu talento: não existe tortura pior do que o show business, já dizia também Edoardo Bennato.

Sátira fácil, sim, ok. E poder-se-ia descer ainda mais baixo, relembrar o funeral da Lady Diana, a princesa triste, morta enquanto passava a duzentos por hora no túnel de L'Alma de Paris; que tenha sido assistido ao vivo pela televisão por 2 bilhões de pessoas não é, entretanto, um pormenor, mas um fenômeno seríssimo. As mitologias não problematizam, e é essa sua força. A crítica, ao contrário, deve fazê-lo, por isso nos exercitamos em casos mais complexos (mas com o objetivo de compreender também os aparentemente mais simples). Quem poderia negar, por exemplo, que ao carisma da figura de Pier Paolo Pasolini tenha contribuído de maneira decisiva, além da morte, também a ingente quantidade de motivos vitimários e de identificações cristológicas disseminada por toda parte em sua obra poética, cinematográfica e jornalística?

A mãe Susanna, que personifica Maria diante da cruz no *Evangelho*. A morte de Accattone latente na *Paixão segundo Matheus*. O filho de Mamma Roma preso na cama de contenção no quarto de segurança, enquadrado ele também como o Cristo de Mantegna. O genérico Stracci, moribundo enquanto personifica o bom ladrão na cruz em *La ricotta*. O corvo/ intelectual comido em *Uccellaci e uccellini*. «Gostas por demais do martírio, do milagroso/ esquete do Calvário onde coroas a ti mesmo», escreveu-lhe Franco Fortini em 1956.

Mas tudo era já *in nuce* nos escritos juvenis. Nas prosas inéditas dos «cadernos vermelhos»:

Nas minhas fantasias manifestou-se expressamente o desejo de imitar Jesus no seu sacrifício pelos outros homens, de ser condenado e assassinado ainda que eu não fosse por nada inocente.

Eu me vi pendurado na cruz, pregado. Os meus flancos eram sucintamente envolvidos por aquela aba suave, e uma enorme multidão me olhava. Aquele meu martírio público acabou tornando-se uma imagem voluptuosa e pouco a pouco fui pregado com o corpo completamente nu. Alto, sobre a cabeça dos presentes, repletos de veneração, com os olhos fixos sobre mim — eu me sentia defronte a um céu turquesa e imenso.

Ou nas poesias do *Rouxinol da Igreja Católica*:

Em um tênue fedor de abatedouro
Vejo a imagem do meu corpo:
seminu, ignorado, quase morto.
É assim que eu me queria crucifixo,
com labareda de suave horror,
desde menino, autômato do amor.

Filões cársticos onipresentes, como em *Poesia em forma de rosa*,

Eis-me aqui, condenado.
Acontecimento pessoal, cicuta que terei
que beber sozinho.

(onde cada sílaba, começando da exclamativa inicial, grita que assim não deveria ser); ou ainda:

Como um partigiano,
morto antes do maio de 1945,
começarei aos poucos a me decompor,
e na luz dilacerante daquele mar,
poeta e cidadão esquecido.

(onde o *partigiano* morto era na realidade o irmão Guido). Testemunhos que ilustram a genialidade mitopoiética com a qual Pasolini projetava seus temas sobre seu corpo, ou seja, sobre sua parte vulnerável, exposta, sacrificável (não se sacrifica uma alma); e vice-versa. Fantasma, metáfora e conteúdo ideológico unidos em uma síntese que é um formidável instrumento autointerpretativo para toda a sua obra, mas atua também como fármaco com o qual se imunizar do «escândalo de me contradizer» que Pasolini fixou em um verso famoso: um escândalo no qual Fortini sentia moralisticamente o resíduo de um vezo estetizante e Alfonso Berardinelli, «o orgulho irremovível da vítima». A vítima não pode ter contraditores. Ninguém jamais pode ser de fato «competente em humildade», para retomar o belo oximoro com o qual Gianfranco Contini tentava captar em uma fórmula a *quidditas* contraditória de Pasolini. Ou se é competente ou se é humilde, na história profana, e não por acaso é propriamente no coração dessa disjunção que se acunha a mensagem evangélica.

## O escândalo da história

As pessoas mais adoráveis são as que não sabem que têm direitos.

São adoráveis também as pessoas que, mesmo sabendo que têm direitos, renunciam a eles.

São suficientemente simpáticas também as pessoas que lutam pelo direito dos outros (sobretudo por aqueles que não sabem tê-lo).

São palavras que Pasolini pronuncia em 1975, em um congresso do Partido Radical. No ano anterior tinha sido publicada, recebida com um sucesso de público sem precedentes na narrativa italiana do século XX, *A história* de Elsa Morante. Pasolini — que havia apreciado muito sua sinopia eufórica, apresentada em 1968 com o título *Il mondo salvato dai ragazzini* — não gostou do romance. Considerou-o lacunoso, idelógica e tecnicamente confuso. Mas talvez, como observou Walter Siti, Pasolini usasse *A história* como bode expiatório de suas ilusões sobre a natural e incorrupta vitalidade do mundo subproletário que logo em seguida renegará dolorosamente em *Abiura alla Trilogia della vita*. Nada mais coerente, ao contrário, do que o tom e a técnica narrativa adotados por Morante (com uma lucidez que Pasolini jamais teve) para ilustrar, com determinação, coragem e força inabalável, um sentimento do mundo completamente encentrado na santidade da vítima.

A história «é a vexação dos indefesos [...] por parte daqueles que possuem os meios para exercitar a violência»; «Toda a história e as nações da terra se eram acordadas com esta finalidade: o massacre do pequerrucho Useppe Ramundo»; a história é um «escândalo que dura há dois milênios». Somente naqueles que podem ser humilhados encontra-se o valor da vida. Ao menino Useppe, destinado a morrer de morbo sagrado, a epilepsia que irradiava sua aura sobre os santos e os delinquentes de Dostoiévski, foi contada uma fábula na qual se vê claramente a moral do romance: um SS condenado à morte vê uma flor enquanto atravessa o pátio do cárcere para ir à fuzilação.

Era uma florzinha mísera, composta de quatro pétalas violáceas e um par de pálidas folhinhas, mas naquela prima luz nascente, SS viu nela, para seu estupor, toda a beleza e a felicidade do universo, e pensou: «Se eu pudesse voltar atrás, e parar o tempo, estaria pronto para passar minha vida inteira na adoração daquela florzinha». Naquele momento, como se se desdobrasse, sentiu dentro de si sua própria voz, que lhe gritava: «Na verdade te digo, por causa deste último pensamento que tiveste no ponto de morte, serás salvo do inferno» [...]. «Não», gritou o SS, voltando-se para trás com fúria, «não caio novamente, não, em certos truques!» E, visto que tinha as mãos atadas, arrancou aquela florzinha com os dentes e depois jogou-a por terra e a pisoteou. E cuspiu em cima.

Em *Os afogados e os sobreviventes*, Primo Levi afirma que considera «revoltante» uma fábula análoga narrada por Dostoiévski:

Em *Os irmãos Karamazov*, Gruchenka narra a fábula da cebolinha. Uma velha malvada morre e vai para o inferno, mas seu anjo da guarda, vasculhando a memória, se lembra de que ela, uma vez, uma única vez, havia dado a um mendigo uma cebolinha de sua horta: estende-lhe a cebolinha, e a velha a ela se agarra, salvando-se do fogo do inferno. Essa fábula sempre me pareceu revoltante; que monstro humano nunca terá dado em vida uma cebolinha, se não a outros, pelo menos aos seus filhos, à sua mulher, ao cachorro?

O contraste não poderia ser mais evidente.

*A história* causou muitas polêmicas. Absolutamente olvidáveis as de quem acusava a autora de ter restaurado o romance tradicional: um mínimo de ouvido e se percebe que o tratamento da forma, «póstumo» e conscientemente maneirista, é o mesmo de *Menzogna e sortilegio*, ainda que menos controlado. Que aqueles que se diziam revolucionários rechaçassem *A história* pode surpreender somente os ingênuos ou os hipócritas de hoje, talvez em nome da humilhante isenção do discurso autêntico concedida aos poetas da ideologia pequeno-burguesa. Havia mais respeito naquela recusa. Morante pretendia dizer a verdade última do ser, e sobre isso pedia para ser aceita ou rechaçada.

Mais interessante e honesto é o testemunho de alguém que mudou de ideia, como Adriano Sofri, ex-líder de *Lotta Continua*, que durante os anos nos quais amadurecia seu afastamento da direção política estabeleceu uma grande amizade com a escritora. Já em 1982 sente a necessidade de escrever-lhe sobre o quanto apreciara o romance mesmo quando combatia publicamente sua moral. E cita e abjura uma passagem escrita em 1974, redigida no dia seguinte ao massacre do Italicus, no qual afirmava:

> Como são patéticos os nostálgicos tardios e uma história na qual as massas sucumbem na pureza, os falsos moralistas que exortam as massas a permanecerem distantes da história e do poder, que são sujos e sujam, e por isso devem ser deixadas a quem os tem! Como é ridícula a tentativa de declarar fatal a derrota das massas em nome de uma história inalterada, sempre arriscando a pele deles.

Coerentemente, nos anos 1990, Sofri se tornou um dos principais paladinos do credo humanitário.

### Alice não sabe

A inocência esmagada da história (ou, o que é a mesma coisa, salva, preservada da história, seja no sentido de subtraída seja no de exaltada e glorificada) é um tema que percorre grande parte das reconstruções retrospectivas atuadas por ex-militantes dos anos 1970 em relação aos acontecimentos de suas próprias vidas e de seus países. Substitui a metáfora da «perda da inocência», usada no calor dos acontecimentos a propósito do conflito no Vietnã ou da bomba da praça Fontana (como se história e violência tivessem tido início naquele instante), uma ideia de inocência triunfante mesmo quando e porque é derrotada.

De um lado, o culto aos mortos em combate, aos próprios combatentes, celebrados em aniversários, decenais, vintenais, catalisador identitário reivindicado até pelas novas gerações de militantes que às vezes disso se utilizam para acusar de traição até mesmo os companheiros dos que morreram em batalha. «Fora a nova polícia» foi o slogan gritado em Bolonha, por ocasião dos vinte anos do homicídio de Francesco Lorusso, pelos manifestantes mais jovens contra alguns ex-militantes dos anos 1970 que nesse meio-tempo haviam assumido cargos institucionais: caso exemplar de transmissão de uma identidade vitimária que transcende até mesmo os corpos físicos dos que a rigor deveriam ser os legítimos depositários da memória. (Mas, *mutatis mutandis* e com as devidas proporções, a mesma lógica guiou o atentado do primeiro-ministro israelense Rabin perpetrado por um um jovem extremista de direita que acusava o autor do acordo com os palestinos, um homem que os havia combatido com extrema dureza durante toda a vida, de trair a ideia da Grande Israel; em que a memória real de um guerreiro efetivo é substituída por aquela alucinatória de uma experiência indireta e exatamente por isso se torna tão mais exposta a ênfase e sacralização.)

Do outro, uma prosopopeia da inocência como isenção, retração, recusa em participar daquele jogo manjado que é a história. Eis por exemplo um trecho no qual tantos motivos da cultura e da contracultura dos anos 1960 e 1970 são remodelados e repropostos, *à rebours* mas sempre atuais, por um expoente do *Potere Operaio* além de líder do movimento 77 bolonhês como Franco Berardi, dito Bifo, em um livro escrito dez anos depois dos acontecimentos e intitulado precisamente *Dell'innocenza. Interpretazione del' 77*. A citação é longa, mas vale a pena: a inocência, escreve Bifo,

> reconstitui a condição da revolta não como revolta histórica ou vontade de instituir um mundo histórico justo, mas como ativo subtrair-se, como

sabedoria. Em certo sentido o pensamento inocente é a condição de uma adaptação mais profunda do que a predicada pelos homens do cinismo. Uma adaptação capaz de liquidar a mentira histórica e assim subtrair-se à dimensão da adaptação histórica, para confrontar-se diretamente com a experiência de um indivíduo em sua singularidade sobre o ritmo que não é o da história, mas o do fluir do tempo. Ao deus consciente e estático do monoteísmo substituíamos o deus distraído do hinduísmo, o deus que se voltou por um segundo para o outro lado ou que adormeceu, o deus inconsciente que no átimo de sua distração dá origem à mentira histórica. A história nos aparece como um acidente, a relação entre delírio existencial e jogo cósmico, uma distonia no fluir no tempo, um espessamento excessivo da experiência do tempo. Fluxos, energias, filtros mentais, ilusões, sonhos e imaginações de mundos: a experiência singular, isso é o existir. Passar à singularidade da experiência, passar à harmonia do fluir existencial, do tempo cósmico é o que será possível à inocência.

Derivando daí o silogismo prático: «A história nos mata, transmigremos nas histórias».

Muitos anos se passaram desde 1977, e outros tantos desde sua reevocação nessas linhas. Todavia, por mais que possa ser injusto em relação às intenções de quem as escreveu, é difícil não ver o quanto a experiência aqui defendida como desejável se conforma melhor, mais do que a uma revolta, à rotina de quem frequenta o mercado financeiro, os *equity funds*, os *dark pools*, enxames do dinheiro acéfalo que se agregam e se desagregam, com terríveis efeitos sobre as existências reais, no fluxo policêntrico, sem tempo e sem projeto, da rede informática, criadora e destruidora de mundos com a beata inocência de quem está acima do bem e do mal. Todo lobo de Wall Street poderia usá-la como lema, distantes como são tanto do *ethos* revolucionário com o qual se legitimou a razão moderna quanto da moral do capitalismo schumpeteriano que predicava a «destruição criadora» em nome da responsabilidade do futuro.

Pilhéria dialética, a mesma que possibilitou que tantas palavras de ordem dos movimentos tenham sido realizadas de maneira paródica por seus adversários. Eis aqui um breve elenco, além do primado do fluxo sobre o projeto evocado por Bifo.

A rejeição ao trabalho, transformado em carência de empregos. O culto do gratuito e a sociedade dos estágios não pagos. A suspensão do tempo histórico típica da revolta (atiremos nos relógios) virada do avesso na ideologia do fim da história. O primado do corpo, que teve a sua metástase no fitness, na cirurgia plástica, na obsessão pela imagem por trás de patologias como anorexia e bulimia. O culto do *inner child*, da «crianças que está em nós» (*Radio Alice*, um livro como *Alice disambientata* de Gianni Celati, registro de um curso realizado no DAMS[5] de Bolonha entre 1976 e 1977), que encontrou sua verdade amarga no dia em que um homem vindo da publicidade e destinado a se tornar primeiro-ministro sugeriu a seus vendedores considerarem o próprio público adulto como composto de pré-adolescentes de onze anos não muito inteligentes.[6]

---

5 DAMS (Disciplina das artes, da música e do espetáculo) é um curso universitário criado na Universidade de Bolonha no fim dos anos 1970. Um de seus principais docentes e incentivadores foi o escritor e professor Umberto Eco. [N. T.]

6 O autor faz referência ao ex-primeiro ministro italiano Silvio Berlusconi. [N. T.]

A dissolução do sujeito, a recusa do *Cogito*, a exaltação do rizoma, a gaudiosa abolição das conexões lógicas, o calembur, o dadaísmo de massa, o primado das emoções, que formam hoje a gramática do Eu imaginário alvo ou melhor produto performativamente de publicitários e *spin doctors*, ou do público televisivo que, precisamente, não estabelece conexões, não recorda, se entrega às intensidades livres, morre e renasce a todo momento, ocasional, eventual e propenso apenas ao mundo descrito pelos teóricos do *Anti-Édipo*.

Todos fenômenos que seria anti-histórico (veja só) esfregar na cara dos movimentos. Mas a genealogia não se limita a atribuir as origens más das coisas boas: o contrário também vale. O Discurso do Capitalista também falou pela boca de quem o combatia, e declarar-se vítima é uma boa artimanha.

### Ele começou

Poucos anos se passam, e vem à tona pela primeira vez a tendência a considerar o século xx, como já analisamos acima (ainda que não, como Morante, a história toda), o período de um desfazimento indiscriminado. Bom índice, se não o início, do dito *Historikerskreit*, a disputa entre os intelectuais alemães que vem à tona nos anos 1986 e 1987 em torno das teses do historiador revisionista Ernst Nolte. Teses que tinham no centro um postulado: não se trata de negar as atrocidades de Hitler, mas de explicá-las mostrando que são uma reação às atrocidades dos bolcheviques, representantes da barbárie asiática, pela qual Hitler e os nazistas eram obcecados; bolcheviques que, câmara de gás à parte, tinham antecipado métodos e motivações sucessivamente colocados em prática pelo Terceiro Reich: campos de concentração, torturas, fuzilamentos em massa, vontade de eliminar da face da terra o adversário, de classe em um caso, de raça no outro. Depois do fato consumado (mas no meio-tempo a figura de Nolte foi amplamente desacreditada quando ele declarou, nos anos 1990, que também deveriam ser discutidas as câmaras de gás), é evidente que se trata de uma frágil retomada das teorias de Carl Schmitt sobre o século XX como crise da neutralização, inimizade absoluta, guerra civil permanente. Mas resta notável a tecelagem da argumentação, sintomática em sua evidente falácia.

Eis o o ponto central:

Não teria Hitler, não teriam os nacional-socialistas realizado uma ação «asiática» apenas por considerarem a si mesmos e aos próprios símiles vítimas potenciais ou efetivas de uma ação asiática? O «Arquipélago Gulag» não precedeu Auschwitz? Não foi o «extermínio de classe» dos bolcheviques o *prius* lógico e fatal do «extermínio de raça» dos nacional-socialistas?

Deixemos de lado o uso racista do adjetivo «asiático»: sobre a desenvoltura do recurso a uma lógica do «como se» no limite do contrafatual (a única contraprova possível seria na verdade: se não tivessem existido os bolcheviques...); sobre a redução dos processos históricos a psicologia. O ponto encontra-se todo na articulação entre vítimas potenciais e *prius* fatal. Posto que se consideravam vítimas, fizeram o que fizeram. Onde o «posto que» sobrepõe grosseiramente causas e motivações, *post hoc* e *propter hoc*. Consequências: quem fez primeiro, os bolcheviques, é a verdadeira causa do que foi realizado sucessivamente. O antes tem o primado, a origem é mais do que o derivado, a causa é mais potente do que o efeito — e assim o efeito é menos imputável, menos responsável, mais vítima, em última instância. Se não retivesse a dramaticidade do argumento, poder-se-ia facilmente glosar: foi ele quem começou. Mas de qualquer forma é impossível não ver o aspecto regressivo, pré-crítico, pré-aristotélico e por fim pré-socrático ínsito em uma doutrina como essa da causa, aparentada, mais do que à explicação histórica, à busca dos *aitia* dos mitos de fundação arcaicos. Por trás das aparências da neutralidade científica que se recusa a julgar e quer apenas compreender, trata-se de individuar o mais culpado, do qual todos os outros, culpados menores, foram em diferentes medidas vítimas. Nesse caso específico, o comunismo.

O fato de essas teses, emersas na metade dos anos 1980, terem encontrado o favor dos ambientes moderados, inaugurando o tom doloroso e horrorífico com o qual, nas últimas décadas, a história do século XX foi tratada, não surpreende minimamente. Evidente carência de moral, o Discurso do Capitalista remedeia a situação buscando soluções no Discurso do Mestre. Às carências da argumentação remedeia a ideologia da vítima, que bem amalgamada purifica tudo o que toca; e, se com os nazistas não funcionou, para muitas outras vítimas em potencial desprovidas de inocência pode funcionar, com o corolário de guerras preventivas, suspensão das garantias constitucionais, o uso generalizado de espionagem ao qual estamos assistindo. As vítimas têm o direito a se defender.

## Por que nos odeiam?

O que nos traz aos dias de hoje. Poderíamos acrescentar outros tantos casos. Por exemplo as polêmicas sobre o politicamente correto, um tema tipicamente americano que na Europa foi importado de modo caricatural, com o resultado de ver reivindicada como anticonformista a dicção oposta, o politicamente incorreto, por parte de expoentes típicos de uma cultura machista e saturada de prejuízos como a italiana, em que de politicamente correto ou mesmo só de decência se viu bem pouco.

Ou ainda a obsessão contemporânea pelo plágio literário, causa de escândalo destinado a ecoar com força em uma sociedade assediada pelo tema da identidade: se ela me é roubada quer dizer que tenho uma, e de valor, claro. Antiguidade, modernidade e pós-modernidade tendo declinado cada uma a seu modo, e com resultado frequentemente de uma fineza incomparável, o fato elementar de que os textos dialogam entre si não deixa a salvo de um comportamento de constante suspeita policialesca. Colocado em jogo quem é verdadeiramente autêntico, demonstrável *a contrario* pelo furto do qual se é vítima.

Ou, ainda, uma vez mais, a polêmica sobre a pornografia que dividiu a teoria feminista americana: de um lado quem, como Andrea Dworkin e Catharine MacKinnon, propõe proibi-la seja como ato linguístico, seja como ato performativo que faz o que diz, humilha e submete as mulheres; do outro quem, como Nadine Strossen ou Judith Butler, se concentra no aspecto da mensagem que o fundador da teoria dos atos linguísticos, John L. Austin, chamava «perlocutivo», ou seja, o efeito psicológico sobre aquele que o recebe, efeito que não pode ser decidido nem pela autoridade de quem o emite nem pelo contexto no qual é emitido, como acontece no caso dos enunciados «ilocutivos», do gênero «te batizo», «te absolvo», «te declaro doutor em». Para Dworkin e MacKinnon, as mulheres que recitam ou consomem pornografia são vítimas independentemente do que quer que seja, porque a força ilocutiva da mensagem invalida a *agency* delas, ainda que sejam conscientes e recompensadas. Para Strossen e Butler, por sua vez, o valor ou não decidido por lei (esse sim ilocutivo:

«é proibido») configura uma situação autoritária na qual algumas mulheres, como mães ou irmãs mais velhas, se arrogam o papel de conferir o material pornográfico com o objetivo de impedir que as menos iluminadas possam fazê-lo, e é isso que por ventura anula a *agency* delas. Representantes das supostas vítimas colocam-se no comando, confiscando seus direitos, ainda que apenas o de estabelecer se estão erradas ou não. O argumento da vítima tem sempre o *pathos* de ser inimputável.

Um conflito entre inimputáveis foi o chamado «choque de civilizações», ou de culturas, com o qual se abriu o novo milênio pós-Onze de Setembro, evento espetacular entrelaçado *a priori* e *a posteriori* por motivações vitimárias que não seria correto reduzir a mera máscara ideológica de interesses muito mais terrestres — o xadrez do Oriente Médio, o controle das reservas petrolíferas etc. Não que não existissem, que fique bem claro, e não fossem em última instância dirimentes: na verdade não se combate jamais apenas por Helena. Mas, escreveu Ernst Bloch uma vez, ninguém dá a vida por um plano quinquenal. Outros impulsos levam os homens e as mulheres a decidirem o próprio destino, e reduzi-los a zero não é materialismo histórico, mas sim a versão mais banal da teoria da escolha racional, segundo a qual cada um age apenas para maximizar os próprios ganhos. A pergunta ingênua, e talvez até mesmo sincera, de um George W. Bush prestes a despejar milhares de toneladas de explosivos sobre as populações da Ásia Central captava melhor o fenômeno: por que nos odeiam? No que se vê que o combustível do dispositivo vitimário é uma pretensão a ser amado, e uma impossibilidade de aceitar a eventualidade de não o ser, que pode transformar-se em um desejo de destruição. O que fazer, glosou Slavoj Žižek, quando o outro é realmente tal? Só resta hipotizá-lo em «cultura» (petição de princípio que demonstra por meio do que deveria ser demonstrado), fazer regredirem linguagem e pensamento a ponto de considerar aceitáveis enunciados a propósito do fato de que as culturas, e não os sujeitos, podem fazer algo como chocar-se — ou encontrar-se, que é a mesma coisa. Multiculturalismo bem-intencionado e neoconservadorismo agressivo são secretamente solidários enquanto fazem de conta que se opõem o fato de se engalfinharem pelos espólios da vítima como aqueus e troianos sobre o corpo de Pátroclo é somente a consequência lógica.

Caso emblemático é o homicídio de Theo van Gogh, o cineasta de *Submission*, um filme que ofendeu os muçulmanos porque projetava versos do Corão no corpo de uma mulher, enquanto um narrador perguntava a Alá se foi ele mesmo que quis que as mulheres fossem oprimidas na tradição islâmica. Em uma bela reportagem, Ian Buruma reconstruiu em detalhes as circunstâncias e o contexto do delito. Um jovem holandês de origem marroquina, Mohammed Bouyeri, seduzido pelas sereias do fundamentalismo, encontradas predominantemente na internet, apunhala até à morte Van Gogh em 2 de novembro de 2004, deixando sobre seu peito um bilhete de reivindicação abarrotado de citações corânicas mal traduzidas do inglês — não sabe o árabe, e foi de bicicleta, como de bicicleta estava Van Gogh, cometer o homicídio. Além daquela de Theo e Mohammed, Buruma conta a história de Ayaan Hirsi Ali, a roteirista somali de *Submission* que se tornou, desde que passou a sustentar que o islã não é compatível com democracia, a queridinha da direita neoconservadora. Muito espaço é dedicado à figura de Pym Fortuyn, histriônico líder populista receptáculo de todas as contradições, homossexual e xenófobo, liberal e intolerante, assassinado ele também por um fanático animalista em 2002. Dão depoimento os familiares, os políticos, os intelectuais — consistente o grupo de ex-esquerdistas que agora dizem cobras e lagartos do multiculturalismo —, os imãs fundamentalistas e os moderados. Como cenário, duas décadas de história holandesa, dos pilares do rigor calvinista abalados nos anos 1960 (os Provos, o anticolonialismo, a liberação sexual, as drogas) à utopia da convivência sem conflitos carcomida no fim dos anos 1990: o Discurso do Capitalista perde fôlego sem o Discurso do Mestre.

De fato. A unir os quatro protagonistas, que desempenham com eficiência de autômatos a parte que lhes cabe no roteiro do choque de civilizações, o comportamento de vítimas agressivas. Agressivo é em primeiro lugar Theo van Gogh, que fez do insulto sua musa, chama os muçulmanos «fornicadores de cabras», afirma que Cristo não vale mais do que um peixe morto e insinua que certas mulheres judias podem ter prazer somente se sonham que são violentadas pelo dr. Mengele, convicto evidentemente de que liberdade é em primeiro lugar liberdade de ofender o próximo. Agressivo é obviamente seu assassino, Mohammed Bouyeri, típica figura de perdedor radical que se dá ares de vingador de um islã de terceira mão para mascarar um ódio de si, um desprezo pelo próprio falimento, que pode encontrar satisfação somente em um gesto clamoroso e autodestrutivo. Agressivo é Pym Fortuyn, medíocre acadêmico de modesta envergadura cultural que se recicla como traficante de medos e, protegido pelo biombo de sua homossexualidade, contrabandeia a intolerância pelos estrangeiros, os quais, se sabe, é a cultura deles, não seriam jamais tolerantes com os homossexuais caso se tornassem majoritários no país: um intricado problema ao menos desde a *Carta sobre a tolerância* de John Locke, mas que não se resolve com teatralismos. Agressiva também Ayaan Hirsi Ali, que discorre sobre a ausência de um iluminismo islâmico a partir do confronto com um iluminismo europeu sobre o qual ela não sabe claramente nada, se faz de Joana d'Arc e é tão modesta que se compara a Espinosa.

Narcisismo, ressentimento, banalidade, truísmo — é preciso respeitar os outros; sim, mas com a condição de que eles nos respeitem. Onde fanáticos e oportunistas vociferam, os que raciocinam gaguejam, e o próprio Buruma não sabe muito bem qual solução propor ao leitor, mesmo porque todos os participantes, até mesmo o assassino, têm suas meias verdades. Mas jamais como nesse caso a verdade é um momento do falso. A única alternativa é inverter o jogo, não se deixar chantagear, submeter a crítica aos próprios termos da discussão. É o que nos resta a fazer nas páginas que seguem.

## Capítulo 3

O crítico interpreta os sintomas, mas não é um médico que diagnostica nem um cirurgião que amputa: é uma cobaia que reflete sobre o que experimentou em si. Brilhante mas estéril é a crítica que não conhece empatia, e é isso que torna inferiores à verdade do objeto *pamphlets* como *Cultura da reclamação*, de Robert Hughes, ou *A tirania da penitência*, de Pascal Bruckner, ou *A indústria do Holocausto*, de Norman Finkelstein, mas mesmo uma sátira swiftiana como *O meu Holocausto*, de Tova Reich, mulher do diretor do Holocaust Memorial Museum de Washington, no qual a neta de um sobrevivente da Shoah, que junto com o filho se dedicou a uma sistemática exploração comercial da tragédia dos judeus (com viagens organizadas, adoções à distância de sobreviventes, produção em série de *gadget*), se torna líder de uma espécie de coalizão arco-íris do Holocausto que reivindica para todos, e não apenas para os privilegiados (!), o direito a um próprio holocausto, entre os quais — além daquele dos ciganos, dos palestinos, dos tibetanos — dos furões, das vacas loucas, das cobaias de laboratório, do direito ao porte de armas, da bandeira dos confederados, das bruxas, dos wiccas, dos extraterrestres...

*Reductio ad absurdum* que talvez seja a outra face inevitável da *reductio ad Hitlerum* já mencionada. Mas quem se limita a inverter fica sempre no âmbito do invertido. Outro patamar de alcance liberatório possuem ao contrário operações como aquela da «trilogia americana» de Philip Roth (*Pastoral americana*, *Casei com um comunista*, *A marca humana*) ou de Art Spiegelman em *Maus*, quando mostram o inferno que se desencadeia quando se engrena a máquina que transforma as vítimas em algozes inculpáveis pelo simples fato de serem tais (o pai de Art, por exemplo, ex-deportado com uma história dilacerante, mas no presente um malandro, sovina, racista, misógino, chantagista mesmo quando suas lágrimas são sinceras; com consequências devastadoras para o filho).

É a esses exemplos que é preciso prestar atenção. O ofício da sátira é pisotear, é unilateral por vocação, mas é ao mesmo tempo ambígua porque exposta ao risco de passar da derrisão aos potentes ao escárnio dos humildes (como prova o antigo gênero literário da sátira do aldeão). Sobrevive no satírico um resíduo do antigo comportamento canibal, escreveu Benjamin tratando de Karl Kraus: nutrir-se do inimigo para herdar a força. O tom sarcástico cabe somente à parte mais externa de nosso alvo: os poderosos que se fazem de vítimas, os oportunistas que se aproveitam. Mas já perde o mordente quando os casos se tornam mais ambíguos. A crítica é o serviço que a razão oferece à piedade, se se entende essa como *pietas*, solicitude pelo destino comum. A mitologia da vítima tira força aos mais fracos, e a acumula nas mãos erradas. Criticá-la significa redistribuir as cartas.

## O que te falta?

Sobre o vitimismo dos potentes não valeria a pena insistir, se não hegemonizasse o ressentimento dos subalternos por um processo de identificação análogo mas inverso ao enquadrado por Freud em *Psicologia das massas e análise do Eu* (onde agente dinâmico da transferência era a potência e não o sofrimento do líder). Um contágio, por exemplo, que estava à frente de todas as tentativas de secessão, bem-sucedidas ou não, dos últimos vinte anos,

nos Bálcãs como na Itália ou no Cáucaso: são as elites que se rebelam, são os ricos que querem liberar--se dos pobres, rescindir o múnus, não pagar mais os impostos, ditos como um intolerável arbítrio. O rancor vitimário dos vencedores é um dos fenômenos mais singulares de nosso tempo, depositado em inúmeras manifestações orais e escritas e alçado até mesmo à dignidade de filão editorial: contra a «esquerda», contra «os intelectuais» (com todas as aspas devidas; mas o elenco seria consideravelmente mais extenso), com um efeito de reiteração obsessiva típico de ritual exorcista. Se eles têm razão, se a história, como adoram dizer, lhes deu razão, por que não ficam sossegados e tranquilos? Do que têm medo? Não é o ressentimento a paixão do servo? Por que escolhem exatamente essa para legitimar o próprio domínio? Por que não se refazem em modelos gloriosos? O que lhes falta?

Mas a falta é precisamente o centro de nosso discurso. A vítima, ou seja, aquele que foi privado efetivamente de algo (direito, reconhecimento, recursos, vida), é o símbolo de eleição de um defeito de práxis, de legitimidade, de verdade. Símbolo e ao mesmo tempo sucedâneo, substituto, antídoto. Tão mais vã é nesse caso a sátira, porque, se toda sátira é inversão, inverter uma inversão é um jogo de soma zero. A vítima é um bem invertido. Não há nada de bom (seja no sentido de desejável, seja no de justo) na condição da vítima, e sobretudo em uma ética que apenas alçando-a a mito consegue dar nome e norma a si mesma. Compreender que privação é fármaco significa explicar sua capacidade de «distorção cognitiva», para retomar uma fórmula eficaz de George Lakoff; e oxalá evadir. O que promete e o que proíbe um imaginário que faz da passividade seu norte magnético?

### Inalienável

Em primeiro lugar, a vítima promete identidade. É algo, é certa, tem uma origem, documentos, baseia-se em um evento, é demonstrável. Interpela com segurança e autoridade. O que é? Uma vítima, e isso não pode ser negado e jamais poderá ser retirado. Enquadra o ser sob o ponto de vista do haver, reduz o sujeito a portador de propriedade (e não de ações), lhe pede para permanecer, dolorosa mas orgulhosamente, o que é. Não pretende transformações, renúncias, sacrifícios. O sacrifício já aconteceu, não servem outros. Já demos, agora nos espera repousarmos em nós mesmos. Um objetivo desejável para quem não pode mudar, ainda mais se potentes agências têm interesse em confirmar esse ceticismo, para que possa deixar o mundo como é, ou seja, na mão delas. A condição da vítima castra a *agency*, em todos os sentidos do termo. A vítima real é tal enquanto é impotente. A vítima imaginária motiva com isso sua impotência, ou, se não é impotente, sua aspiração a permanecer o que é por direito proprietário inalienável.

Inalienável, ou seja, espectral, fantasmático. Os direitos inalienáveis não existem na natureza, são prestações da *pólis*, como havia compreendido antes de todos Hannah Arendt em *As origens do totalitarismo*: nada mais abstrato do que os direitos humanos, que não por acaso emergem como problema somente quando os direitos políticos são negados, porque são estes que fundam aqueles, e não o contrário. Mas a espectralidade é plástica, adaptável, ausente de verificações, reproduzível ao infinito mesmo com a mudança de contextos, sendo capaz até mesmo de sabotar a pertinência da barreira, por si mesma já porosa, entre vitimização real e vitimização imaginária. Não explica a psicanálise que aquilo de que mais nos orgulhamos, aquilo que acreditamos ser mais nosso, mais certo, mais autêntico nosso Eu, é na verdade o fruto de um espelhamento, de uma projeção (não da rivalidade e da aversão: a fase do espelho, quem é aquele ali que se comporta como eu?) — é, em uma palavra, o que de mais imaginário existe?

Somente trinta anos de ideologia individualista sem contraditório poderiam ter conferido ao conceito de identidade a ênfase da qual se beneficiou, conseguindo penetrar até mesmo no templo de um pensamento que se pretendia crítico: milagres da hegemonia. É só pensar no sucesso que desfrutam na academia anglo-saxã os departamentos atribuídos a grupos sociais marcados por um estigma, Women Studies, Black Studies, Queer Studies, Holocaust Studies, obviamente (ramo e matriz ao mesmo tempo dos Memory Studies ou dos Trauma Studies), e tantos outros. Todos em busca de identidade. Uma identidade não pensada naturalmente como dado essencial (horror! É o primeiro mandamento da episteme pós-moderna), e no máximo performativa, mutante, um constructo linguístico, uma negociação cultural, mas em todo caso sempre algo, se as palavras têm um sentido, que deriva de *idem*, o pronome latino que denota a permanência do mesmo. O imperativo tipicamente moderno injungido a Rilke do torso arcaico ao qual dedicou uma poesia famosa, «precisas mudar tua vida», cedeu o lugar a um menos empenhado mas não menos exigente «precisas encontrar, precisas *ser* ti mesmo». Às vítimas é mais fácil, e aquelas verdadeiras infelizmente são obrigadas.

E é ainda mais fácil para aqueles que sem muitas sofisticações teóricas prometem retornos às raízes, aos valores, às tradições: o que foi o islamismo radical, se não isso, após a desilusão das independências pós-coloniais? O fato de terem sistematicamente vencido os bem-intencionados entusiastas da identidade performativa é algo sobre o qual se surpreender é de uma ingenuidade nem mesmo comovente.

A mitologia da vítima é uma resposta àquela que foi chamada o fim das «grandes narrações» da emancipação, da possibilidade, ou seja, de que o «nada» (quem não pode, quem não sabe, quem não deve) «devenha tudo», como dizia o abade Sieyès do Terceiro Estado no alvorecer da Revolução Francesa: uma resposta que antecipa e incorpora em si a derrota. A essas narrativas que mandavam para os ares literalmente a dialética hegeliana entre servo e senhor — eu sou o servo e exatamente por isso não tenho medo da morte — se substituiu a ânsia do reconhecimento que anima as narrações da identidade. A pergunta «O que fazer?», que dominou a política moderna, cedeu o lugar a um lamentoso «Quem sou?». E nesse sentido a resposta «Uma vítima» não está assim tão errada. Quem é reduzido a poder se perguntar quem é, e não o que pode fazer de si e de suas relações com os outros, é uma vítima por definição.

Infiel à história, a ideologia vitimária também o é, se assim se pode dizer, à natureza, à nossa herança comum de espécie. Para compreendê-la, é necessário um exercício do que Foucault chamava «ontologia do presente», ou seja, o curto-circuito, a interseção à primeira vista paradoxal entre dois planos logicamente disjuntos: de um lado, algo que sempre é, uma dimensão invariante que determina o ser do homem enquanto inscrita em sua constituição biológica; do outro lado, a emergência de uma manifestação sua que se torna visível *somente agora*, a partir do que está acontecendo. Horizonte não transcendível da espécie humana é por exemplo a condição de vulnerabilidade, exposição, dependência sobre a qual já discorremos: mas somente nessa época ela foi alçada à condição de fundamento falaz, quando é evidente que a espécie conseguiu o objetivo de adaptação na onda de um estímulo a reagir, não a submeter-se.

Característica primeira do animal humano é de fato o duplo vínculo que o obriga, na falta de um ambiente preestabelecido e pré-formado pelos instintos, como aquele dos quais dispõem outras espécies, a abrir-se à radical contingência de um mundo no qual tudo pode se tornar significativo, e ao mesmo tempo a delimitar aquela contingência mediante a instituição de um retículo de símbolos que a circunscrevem: a cultura. Não porque o homem viva, como pretendia a antropologia filosófica do século XX (Gehlen, Plessner, Heidegger), além da natureza: seu frágil aparato instintual, sua congênita incapacidade de distinguir entre dentro e fora, entre sinal (o que é pertinente a sua conservação) e rumor (o que não o é), são sem sombra de dúvida o resultado de um complexo percurso evolutivo absolutamente não preternatural. Mas construir um ambiente de vida de um mundo ilimitado é possível somente a um animal plástico, versátil, que para adaptar-se tem de continuamente transformar a si mesmo em conjunto com a realidade externa que plasma, incluindo no próprio espaço de ação exatamente a abertura à contingência ilimitada que se propõe exorcizar: não somente a conservação da ordem, mas também sua contínua eversão são traços distintivos de nossa natureza. Naturalmente artificial, o homem é naturalmente revolucionário. A mudança é sua ipseidade. A identidade é o contrário da revolução.

Mas jamais, ao longo de sua história, a humanidade se viu vivendo um tempo tão radicalmente contrarrevolucionário. Evidente é o fato de que basta inverter a ideia de revolução para obter a mais exata e confiável cartografia do presente. Corresponde ponto a ponto, com a única condição de que seja lida ao contrário. A revolução é o que falta, e essa falta nos constitui, se não é pensada como um mero fato (reforma, revolta, insurreição, tomada do poder...), mas como um significante genérico, um modalizador que indica e implica a posição de um sujeito, um lugar no qual todos podem entrar. Está no lugar de tudo o que é natural desejar ser: autônomos, conscientes, livres do medo, não porque nos seja permitido mas porque assim queremos, não por quem somos mas pelo que fazemos. Mas é também o oposto do que a hegemonia corrente injunge hoje a ser, ou seja, submeter-se, assustados, necessitados de proteção, desejosos apenas de sermos governados —

possivelmente bem; mas não faz diferença. As decisões, escreveu Lyotard em seu livro pós-moderno, «não devem respeitar as aspirações: é necessário que sejam as aspirações a aspirar às decisões, ou ao menos a seus efeitos».

A revolução é o outro nome da modernidade: sujeito, responsabilidade, capacidade de fazer escolhas ainda que trágicas, os outros vistos não apenas como ameaça ou limite, mas também como multiplicadores de potência, criatividade, imaginação, prazer. E, se a palavra «pós-moderno» tem algum sentido, ele está na inversão especular dos termos: identidade, passividade, desresponsabilização, os outros como rivais, concorrentes, motivos de ressentimentos. De um lado, a ideia da felicidade como algo constitutivamente público, comum, não divisível mas compartilhável: do outro, a felicidade privada do perigo esquivado, da parte maior, da inveja despejada sobre os outros. De um lado, a crítica; do outro, o consenso. Não tem outra explicação o zelo fanático com o qual os apologistas do presente se atracam com um cadáver: quem ainda teme, concretamente, uma revolução? E mesmo assim a única coisa que se pede para ter em mente é a advertência: a revolução produz vítimas. O que é verdade, e nem tem sentido rebater: a contrarrevolução também, desde que fique clara a diferença; assumindo sobre si a tragicidade e «perfeita pecaminosidade» da condição humana abandonada pelos deuses (para retomar uma célebre fórmula de Lukács), a revolução gera vítimas contingentes, e as evitaria se pudesse; as contrarrevoluções, vítimas eternas, e mais satisfeitas ainda de serem-no.

### Inocência

Em segundo lugar, como já se viu, a vítima garante inocência. E que a inocência seja hoje uma necessidade difusa é de um lado evidente, do outro um mistério teológico. Não se trata apenas da legítima aspiração a não fazer o mal, mas do desejo impossível de ser declarado incapaz de fazê-lo. Na vítima de verdade a incapacidade é um *de facto* que se torna *de iure*: se pudesse ter se defendido não teria se tornado tal. Mas quem inveja aquela condição, de qual incapacidade é porta-voz? A mitologia da vítima é a reação a uma práxis sentida constitutivamente como culpa. Daí derivam as estratégias multiformes de expulsão, denegação, rejeição, exemplo máximo a condenação em bloco do século culpado: o XX, a época na qual pela primeira vez a práxis foi pensada como um direito, ou melhor, como uma obrigação universal.

Mas motivações análogas regem também a paixão pelos romances policiais, os complôs, os crimes em série, em que a única ação possível, por ser a única real, é criminal por definição. «Lugar à gentil,/ à inocente obra não há: não resta/ senão infligir, ou padecer», era a amarga conclusão do príncipe Adelchi de Manzoni; e de Renzo Tramaglino, quando no fim do romance, no momento de espremer o «suco da história», sustenta que teria sido melhor se não tivesse tido a ideia de fazer discursos nas praças: onde a fala é a visão abertamente conservadora e secretamente trágica de Manzoni, convencido de que na história não existe nenhum espaço eficaz para a ação que une o homem ao homem ou separa-os, porque verdadeiro e justo é somente o agir que se dá sobre o plano vertical e inverificável da graça divina. Dos *Promessi sposi* aos *crime stories* tem-se uma longa viagem. Mas se torna mais breve para os que lembram como já Siegfried Kracauer via no sucesso dos romances uma angústia teológica secularizada. Desejo de inocência e obsessão de culpa são dois nomes para a mesma coisa.

Isso é tão mais verdadeiro em um tempo no qual o conceito de culpa foi de fato secularizado naquele de débito. Ou mais precisamente, diria Nietzsche, tornou às origens: em alemão *Schuld* significa todos os dois. Do débito interiorizado como falta teriam sido geradas, segundo *A genealogia da moral*, ideias como culpa, pecado e má consciência: em relação aos credores, sucessivamente aos antepassados divinizados, até a invenção do deus único em relação ao qual somos todos devedores/ culpados, condição que se torna definitiva, e não anistiada como costumeiramente se crê, graças ao cristianismo, em que é o próprio deus a pagar porque a humanidade não seria capaz: faço eu, tu por ti mesmo não conseguirás. Teu débito é inextinguível. Tua culpa é originária — é tua origem.

Mas débito e crédito encontram-se na base do processo de acumulação capitalista, escreveu Walter Benjamin em um fragmento juvenil intitulado *Capitalismo como religião*: uma estrutura profunda que emerge nos momentos de crise radical como o que estamos atravessando. Débito privado e débito público são hoje as colunas de Hércules de nosso poder-fazer, com o credor assenhorado no lugar que já foi do soberano, autoridade investida do poder de decretar o estado de emergência, insindicalizável, cuja palavra tem força de lei. Endividado e culpado (não obrigamos ninguém a comprar nossos derivados, se justificava um banqueiro no despontar da crise dos mútuos), não surpreende que nosso tempo clame por uma saída, se não a salvação que a práxis, a política, é sempre mais impotente até mesmo a prometer. Perseguida pela realidade, a inocência se refugia no imaginário, e é ali que encontra a vítima, porque somente a vítima é autorizada a dizer: não é culpa minha, não é comigo que você deve tirar satisfação. Uma vítima não tem débitos, tem somente créditos. Condição invejável, paraíso paradoxal, narcótico que permite não ver as consequências sinistras das irresponsáveis injunções ao prazer ínsitas no Discurso do Capitalista. *Resistir não serve para nada* se intitula não por acaso o último romance de Walter Siti, no qual um ex-obeso, marginal e associal, se torna um cruel sicário da economia a serviço da finança mafiosa. A vítima atinge inocência na fonte do mal.

## Minha história

Em terceiro lugar, a vítima garante uma história, o que a torna interessante dentro de uma cultura convicta de que o *storytelling* seja tudo. Há muito tempo os escritores deixaram de lado as suspeitas em relação às narrativas que haviam caracterizado as grandes experimentações do século XX. Acima de tudo uma boa história, eis o preceito príncipe das escolas de jornalismo. Preceito que significativamente se expandiu de maneira indiscriminada em muitas áreas das ciências humanas: a filosofia, analítica ou continental, de Arthur Danto a Paul Ricoeur; as neurociências, de que é expoente Daniel Dennett; a historiografia (Hayden White, Robert Darnton, Simon Schama); a antropologia (Clifford Geertz, Marc Augé, James Clifford); a psicologia (Jerome Bruner); os estudos culturais (Home K. Bhabha); e poder-se-ia prosseguir. Todos concordam em afirmar que identidade, pessoal e coletiva, é a narração que cada um consegue fazer de si. A identidade é narrativa. *Homo sapiens = homo narrans*. Uma pessoa é sua história, uma nação também. E da mesma forma um produto, uma empresa, uma campanha eleitoral.

Do marketing à comunicação política, da gestão dos recursos humanos às estratégias de empresa, das formações dos líderes às motivações dos clientes, funcionários e eleitores, não existe setor da sociedade que prescinda da necessidade de ser imaginado, organizado e vivido como uma história que estabelece com clareza os papéis e os valores e prescreve objetivos e desejos de quem deve recitá-la. É notório o papel decisivo dos *spin doctors*, a colaboração entre Hollywood e o Pentágono, a função que os jogos de simulação desempenham no treinamento dos militares ou na reabilitação da síndrome do stress pós--traumático. Toda a grande imprensa está se reorganizando no rastro do *storytelling*. As relações de trabalho, saídas do silêncio da fábrica fordista, estão saturadas de narrativas captadas e reformatadas por um *management* que delas se serve pra canalizar aspirações, suscitar medos, promover fidelidade, remover conflitos. As estratégias de expansão industrial e financeiras são planejadas como *fiction*, romances, filmes ou até mesmo fábulas. Raciocinar é enfadonho, o cálculo regela, a imagem sozinha causa desconforto: será verdadeira? Uma boa história a remotiva, fornece-lhe a didascália, prescreve as reações emotivas que terá de suscitar e sobretudo torna-a, servindo-se de procedimentos engendrados no laboratório das narrações de ficção, mais «realista», não por ser mais aderente à realidade mas porque verossímil, aceitável.

Mas aqui nasce, porém, um problema. Não é necessário ter lido Propp e Greimas para perceber que todas as histórias se parecem, e podem ser classificadas com base em um pequeno número de elementos recorrentes, variados e combinados com mais ou menos destreza, mas sempre reconhecíveis. Estereotipia que de um lado conforta (e não por acaso, sabiamente, as crianças não veem problema em pedir que lhes contem sempre a mesma idêntica história); do outro provoca angústia, inquietação ontológica, ânsia de desrealização: sou realmente eu ou é um arquétipo aquele que anda por aí com meu nome? Por que deveriam prestar atenção em mim se minha história já foi narrada mil vezes? Aquele que mais aspira ao autêntico mais se enleia na repetição. A essa imperiosidade a vítima é poupada, porque ninguém poderá jamais citá-la em juízo por seus estereótipos, sob a acusação de falta de empatia. Nenhuma vítima jamais vai escutar: é sempre a mesma história. Ninguém jamais lhe cobrará explicações sobre o «como»: é somente o «o quê», o conteúdo que importa. A história vitimária é sempre respeitável, injunge atenção, disciplina os ouvintes, rejeita *a priori* a seleção entre quem é mais ou menos capaz. No melhor dos casos chantagem não intencional, nos piores desprezível, na parte melhor ambígua, e a qual de todo jeito é impossível escapar: provar para crer. Só resta escutar compungido, ou ter de lidar com o sentimento de culpa e a reprovação universal.

Mas há entre vítima e *storytelling* uma solidariedade mais profunda. A história é um dispositivo que tende à simplificação, à totalização, a um fechar-se. Atua em regime de lógica da identidade, concordância dos casos, estrutura do descontínuo, homologação do inomogêneo; procede por seleção, combinação e eliminação dos possíveis até que não reste nenhum, a dissolução, o final, *happy end* ou catástrofe tanto faz. Aquilo que resta fora é impingido no nada, incluindo nisso o que não recordamos, não queremos ou não sabemos dizer; ou talvez o que os outros têm a dizer sobre nós. Abandonada a si mesma, a história é proprietária e totalitária por nascimento. Não por nada a espécie humana dispõe também de outras formas de pensamento e de comunicação: o cálculo, a argumentação, a analogia, o diálogo, o discurso no sentido mais amplo do termo. O que a história agrega e separa — minha história, nossa história, que não é sua —, o discurso divide e coloca em relação. As vozes permanecem distintas, os possíveis abertos, a crítica não é apenas choque mas enriquecimento recíproco: exatamente aquilo de que a condição de vítima isenta. O que não leva ao absurdo de que todo e qualquer *storytelling* é vitimário, ou deveria, ainda que Don DeLillo tenha se concedido uma suspeita análoga:

As tramas possuem uma lógica. Existe uma tendência, nas tramas, de andar em direção à morte. [...] A trama de um romance [...] é nossa maneira de localizar a força da morte fora do livro, de exorcizá-la, de contê-la.

Mas é inquestionável a afinidade morfológica eletiva entre os racontos vitimários que se recusam a introduzir em seu interior elementos de contradição, complexidade, ambiguidades, perda. Clareza, linearidade, univocidade, coerência: é a receita das histórias bem-sucedidas. Com suas axiologias privadas de claro-escuro, as histórias das vítimas são as mais bem-sucedidas em absoluto. No ponto em que todas as histórias são iguais, certas histórias são mais iguais que outras.

## Verdade e morte

Enfim, a vítima garante verdade. A vítima por definição está na verdade. Não precisa desconfiar de si. Não precisa levar em conta e interpretar nada. Não lhe tocam os escrúpulos com os quais um século e tanto de hermenêutica da suspeição escrutou o nexo inquietante entre verdade e poder. O fato de verdadeiro ser o que o poder decidiu ser verdade é uma contenda que não lhe diz respeito, porque a vítima é verdadeira quando é privada de poder, e em caso contrário não seria tal. O interrogativo angustiado «o que é a verdade» é o ambíguo privilégio de Pilatos, e Cristo fez bem em não responder a ele, ou em deixar subentendido: está diante de ti. A verdade indiscutível existe somente para as vítimas da não verdade. Se a verdade é dúbia, a mentira é certa quando é sofrida. A verdade se interpreta, a mentira se constata.

Condição sumamente desejável, em uma época suspensa entre dois extremos: de um lado o ceticismo generalizado, do outro um acrítico desejo de crença, de entrega niilista a quem te diz o que tens de fazer.

Qual é a verdade daquele que lhe diz o que deve ser feito, a vítima sabe perfeitamente, e não lhe é necessária nenhuma hipocrisia, nenhuma submissão voluntária. Justamente notou Girard que até mesmo os niilistas mais consequentes desconstroem tudo salvo o princípio da inocência da vítima. Quando o pensamento fraco esteve em voga na Itália, era tudo um pulular de receitas éticas intituladas com termos como cura, zelo, tutela (não garantidas, na opinião de Vattimo e outros, do chamado «pensamento forte», excessivamente empenhados em confirmar a si mesmos para preocupar-se da singularidade sofredora).

Tudo verdadeiro, mas não é somente isso. Consequência sinistra e inevitável é de fato, como se viu, o proliferar de vítimas presumidas, potenciais, aspirantes, e às vezes despudoradamente falsas. Não se escapa facilmente do círculo entre verdade e poder. Se apenas a vítima encontra-se na verdade, quem deseja crisma de verdade para o próprio discurso será sempre tentado pela mentira a fingir-se a vítima que não é. A falta de uma verdade, assim como de um bem, indicável em positivo e não *via negationis*, faz do nosso um tempo de paralisia quanto a uma práxis que não queira ser mera adequação ao existente. As coisas não estão como vocês afirmam: essa é somente a metade do trabalho da crítica. A outra metade é outrossim necessária: e estão da seguinte maneira. O fato de como prova de injustiça ser possível somente portar o sofrimento infligido é satisfação *post festum* de quem apesar de tudo ainda não desespera de vencer. E não dessa forma eram regulados Iluminismo, marxismo, feminismo, para citar apenas três exemplos, e nem assim fazem infelizmente os fundamentalistas religiosos. O não sem um sim ao menos possível é um prêmio de consolação que não pensa na hipótese de vir a ser retirado.

Um exemplo claríssimo é oferecido pelo *Piazza Fontana: uma conspiração italiana*, o filme de Marco Tulio Giordana dedicado a Piazza Fontana, com sua ingênua (ou esperta: de qualquer forma irritante) dicotomia entre os bons, ou seja, aqueles que estão mortos (o anárquico Pinelli, o comissário Calabresi, Aldo Moro), e os maus, ou seja, quem organizou e acobertou o atentado. São esses últimos a fazer a história: os outros se sujeitam a ela. Na história não há lugar para o bem. Mas a esse cenário trágico corresponde uma ética antitrágica, evidente na escolha de privar os protagonistas da possibilidade de participar de um mal que no sistema axiológico do filme é identificado com a ação, ou seja, com a política, uma política reduzida preponderantemente ao *ius neci*, o direito soberano de matar (não obstante Pinelli fizesse parte de um movimento que não repudiava de forma alguma a violência, Calabresi carregue a espada como representante das instituições que detêm o monopólio do uso legítimo da força, Moro seja um homem que conhece profundamente os segredos do Estado). O fato de os bons também poderem encontrar-se em conflito entre eles, portadores de valores difíceis e talvez impossíveis de serem sintetizados, é uma dúvida que não deve jamais passar pela cabeça de quem observa. Somente a impotência é um valor do qual ter orgulho.

Em uma das últimas cenas do filme, Calabresi está sozinho, de noite, em seu escritório. A câmara o enquadra por três lados (o que sugere interioridade dramática e personagem multifacetado), em seguida Calabresi se vira e olha a máquina: do outro lado está Pinelli, absorto, que levanta o rosto e dá um sorriso triste. Respeitavam-se antes, e agora ambos sabem a verdade. Uma verdade que chega tarde demais, nos limiares da morte: Pinelli já os atravessou,

Calabresi está prestes a fazê-lo. A verdade pode ser dita somente quando é inútil. *Piazza Fontana: uma conspiração italiana* é sintoma do que, mais que testemunha, é a relação entre consciência e história que foi rescindida de todo nexo de eficácia: único serviço solicitado, a piedade. Se a verdade está nos olhos da vítima, a verdade coincide com a morte. Uma advertência claríssima àqueles que decidissem procurar a de hoje. Viram como termina. Uma moral da rendição incondicionada cuja iconóstase da vítima oferece um ressarcimento de dignidade não merecida.

Mas também uma chamada de corréu da qual seria farisaico tentar se desvincular. É difícil estar à altura de um niilismo que não nos caiu sobre a cabeça por vontade dos astros, mas que é o resultado do mundo, como ensina Vico, construído por nós. No mundo humano não existe uma verdade transcendente à qual fazer referência para confutar um discurso, negar uma prática, combater uma política, e é compreensível ainda que se busque na vítima uma espécie de suprema instância, de Supremo Tribunal da história. Compreensível mas paralisante. Tão necessário quanto difícil é aceitar ao contrário que existem somente práticas que se contrapõem a práticas, interesses a interesses, valores a valores: verdades a verdades, um termo que talvez, como adverte há muito tempo Alain Badiou, seja necessário declinar no plural, sem por isso diluí-lo no pluralismo estéril da compatibilidade a qualquer custo e da acreditação recíproca como lei superior. As verdades podem estar em conflito, e não existe uma ética geral porque não existe nenhum sujeito universal que possa proclamar-se como seu porta-voz, sombra incorpórea à qual a vítima deveria oferecer o contrapeso do próprio corpo sofredor. Ética é o «esforço», escreve Badiou, «que faz acontecer neste mundo algumas verdades». Um esforço ao qual se pode sucumbir, mas certamente não como vítima. Enquanto nada é mais niilista do que uma ética capaz de fundar-se somente sobre o mal recebido, real ou possível: edificada sobre a chantagem do nada à qual corremos sempre o risco de nos reduzirmos, a mitologia vitimária é uma religião da morte.

## Polifemo

Recapitulemos as imputações. A prosopopeia da vítima reforça os potentes e enfraquece os subalternos. Esvazia a *agency*. Perpetua a dor. Cultiva o ressentimento. Coroa o imaginário.

Alimenta identidades rígidas e frequentemente fictícias. Detém-se no passado e hipoteca o futuro. Desencoraja a transformação. Privatiza a história. Confunde liberdade com irresponsabilidade. Exalta a impotência, ou amanta-a de potência usurpada. Entretém-se com a morte enquanto se mostra compadecida com a vida. Encobre a face que subjaz a toda ética universal. Remove, ou melhor, rejeita o conflito; denuncia as contradições. Impede de captar a verdadeira falta, que é um defeito de práxis, de política, de ação comum.

São todos temas que vimos ciclicamente aflorar e desaparecer nas situações e nas circunstâncias mais diferentes. Seriam suficientes para uma condenação sem possibilidade de recursos. Mas não estamos em um tribunal, e uma crítica que se limite a emitir sentenças, principalmente negativas, desperdiça seu melhor ás. Nenhum jogo de prestígio dialético que transforme por encanto o negativo em positivo. Mas faz parte do atual prestígio da condição de vítima a resposta errada a uma indagação correta; uma verdade em latência que espera ser extraída; uma marcação invertida, uma indicação de percurso ao avesso. Interrogá-la nessa ótica é a forma mais alta de piedade possível. Não se trata apenas de descrever os fenômenos, mas de salvá-los — era o moto da escola platônica caro a Walter Benjamin quando lia no drama lutuoso do Barroco alemão a alegoria de seu tempo, o século XX —, individuando neles não apenas a estrutura que os subjazia, mas também o poder que os enceta. Poder no sentido de talvez ser diferente, um assim que poderia também não ser assim. Poder é a melhor tradução de *agency*.

É de fato à *agency*, ainda que denegada, que nos reconduzem todas as vias das vítimas. Afastando-a de si, ainda que em troca de compensações, isenções, privilégios e falsas consciências, a mitologia vitimária indica constantemente sua presença: outros, não eu, ainda que alguém sempre tenha de ser o responsável. Não um destino cego e impenetrável, não um capricho dos astros ou dos deuses, não a inocência do devir ou os algoritmos adéspotas da economia, mas, sim, sujeitos históricos precisos, individuáveis, que atendem por nome e sobrenome, classe e condição, ideologia e comportamentos. Se as coisas são como são, é porque alguém fez alguma coisa, o que testemunha que fazer algo é possível. A questão é ver o que, e sobretudo quem, de que lado se quer estar. A vítima não aceita justificações em nome de interesses superiores (vontade de Deus, razão de Estado, felicidade do povo, predomínio da raça, sociedade sem classes, exigências da produção, é a União Europeia que exige...), enquanto não pode prescindir de seus particulares. Nisso está sua fragilidade mas também seu momento de verdade; e, se nega a própria responsabilidade aumentando a dos outros, é de todo jeito sempre a uma responsabilidade real que recorre.

Algo similar deu-se com outra mitologia contemporânea, parente estreita da vitimária: o complô, a conspiração, a conjura onipresente e universal, humilhante barreira à requisição da ação eficaz na esfera da suposta racionalidade sistêmica. A explicação mais corrente e indulgente é mais ou menos a seguinte: sociedade e história são complexas, filosofias e ideologias que prometiam aos sujeitos a possibilidade de colocar um nexo racional entre causas e efeitos, meios e fins, determinando o curso dos eventos, estão em crise há muito tempo; essa possibilidade é advogada do sistema, e à iniciativa individual e coletiva só resta um papel de figurante, uma contingência sem necessidade. Os mais fracos e despreparados não aguentam e se perguntam de quem é a culpa. A obsessão conspirativa é uma racionalização falaz, e só nos resta escarnecer ou nos condoer de quem se pergunta: quem cometeu uma injustiça comigo?, como os ciclopes com Polifemo. Ninguém foi injusto com você, deixe-nos dormir. Mas Polifemo, para além de suas injustiças, também tinha um pouco de razão: bem ou mal alguém tinha lhe arrancado o olho. Continua a viver nessa racionalidade deformada a presunção de que os homens e as mulheres fazem a história, não agências impessoais e inimputáveis em juízo; uma pretensão sem a qual a modernidade não é mais nada. Modernidade invertida, aceita, denegada da mesma maneira que a da desresponsabilização vitimária; mas que ainda tem a força de fazer ouvir, mesmo que por meio da linguagem alterada do sintoma, suas razões e sua necessidade. Maníacos do complô e corifeus das vítimas revelam o que escondem, afirmam o que negam, olham fixo quando não podem ver: na rendição há um resquício de luta, na renúncia um rastro de desejo, no orgulho equivocado o indício de um possível orgulho legítimo. Lida ao contrário, sua falácia é a linguagem da verdade.

A prosopopeia da vítima é o protesto (impotente e perigoso se abandonado a si mesmo) contra a avaria da dimensão pública que assola o cidadão de uma sociedade pós-democrática. Quando não está claramente mal-intencionado, é óbvio; e, mesmo assim, buscando no mesmo repertório de energias passionais. A força dos mistificadores parasita a dos mistificados. Restituí-la aos expropriados é o objetivo da crítica da vítima, como aconteceu por exemplo quando o movimento operário passou daquela que Marx chamava «filosofia da miséria» para o orgulho dialético de quem, sentindo-se empossado no extremo mais avançado da produção social, reivindica o direito a guiá-la: um direito do fazer, e não do ser mediante o padecer. Danados da terra sim, mas em pé, prometia seu hino: «*Debout les damnés de la terre*» etc.

A primeira providência deveria ser começar ou recomeçar a sentir-se parte em causa, não representante de uma universalidade espectral que é a promessa de uma ética vitimária. A condição de vítima se pretende uma resposta unânime; mas uma resposta unânime é somente uma resposta falsa, que não permite ver quais são as verdadeiras linhas de fratura, injustiça e desigualdade que segmentam o terreno das relações de força. Política e conflito são sinônimos. Política, explicou Jacques Rancière, é quando têm-se ao menos duas ideias sobre como repartir-se o mundo, por exemplo. Quando se tem apenas uma é, ao contrário, «polícia», no sentido do século XVIII de *policy, police*, ordinária administração, funcionamento bem lubrificado do *status quo*. Que a vítima tenha se tornado esse lubrificante é ao mesmo tempo uma evidência e um paradoxo gritante, quando a rigor deveria constituir o obstáculo, o escândalo, o ponto de parada. A mitologia vitimária é uma subalternidade que perpetua o domínio. Seria prometer demais além de ingênuo acreditar que desaparecerão juntamente. Mas essa é a ordem do dia, e cada dia basta sua pena.

### Outros mitos?

Nenhuma receita, em conclusão: na verdade uma dúvida. A crítica chega até aqui. A palavra passa depois à práxis, e a práxis não se decide com elucubrações teóricas nem sozinho. Não porque exista um hiato entre os dois campos: a crítica é teoria ínsita na práxis, se por teoria se entende a projeção de uma grade de formas estáveis sobre a mutabilidade dos fenômenos, mas sim um passo para trás, um retorno ao ponto no qual os próprios fenômenos tomam forma. Crítica é o que se determina diante da crise daquela que Wittgenstein chamava uma «forma de vida», ou seja, um complexo de normas transformadas em *habitus*: quando uma norma cessa de valer enquanto aceita aplicações excessivamente discordantes entre si (em nosso caso: a insustentável polissemia ética da vítima), se volta à região na qual as regras exibem suas contingências, podem ser discutidas, transformadas ou ab-rogadas.

Mas que a crítica sozinha baste, eis a dúvida. Com maior ou menor cautela, muitos sugerem que ocorrem também novos mitos, obviamente não subalternos. Defende esse ponto, ainda que com muita inquietude, Furio Jesi em *Spartakus: Simbologia della rivolta*, escrito pouco antes de 1968. Repete-o hoje, com um otimismo alentador que seria bom poder compartilhar integralmente, um teórico como Yves Citton em *Mythocratie: Storytelling et imaginaire de gauche*. Sobre essa questão refletem de maneira muito articulada e consciente os escritores que se reúnem no coletivo Wu Ming.

É possível. É desejável? Certamente é perigoso, como provam inumeráveis exemplos. Em anos distantes e contextos muito diferentes, até mesmo Louis Althusser, defensor da ideia de que a história é um processo sem sujeito e sem *telos* regido apenas pela geometria variável do nexo entre as forças produtivas e relações de produção, reconhecia que a práxis humana não pode dar-se em ausência de ideologia, se por ideologia se entende a consciência necessariamente imaginária da posição que o indivíduo ocupa na realidade. Mas qual verdade pode se edificar sobre o imaginário? E não se teria na própria estrutura dos mitos uma tendência inercial a colocar-se como justificação, etiologia e até mesmo teodiceia do poder? A questão merece um suplemento de investigação. É claro que estamos apenas no começo.

## Nota ao texto

A injunção à saída do estado de minoridade, sob cuja energia se inscrevem estas páginas, lê-se em Immanuel Kant, «Risposta alla domanda: che cos'è l'illuminismo?», incluída por Nicolao Merker em uma bela antologia, *Che cos'è l'illuminismo? Riflessione filosofica e pratica politica*, Editori Riuniti, Roma, 2006, que reproduz muitas contribuições (entre as quais as de Wieland, Hamann, Herder, Mendelssohn e Schiller) ao debate do século XVIII sobre o tema.

A teoria da «máquina mitológica», disseminada como levedura em toda a obra de Furio Jesi, é tratada tematicamente em *Materiali mitologici*, nova edição aumentada organização de A. Cavalletti, Einaudi, Turim, 2001, e em *Il tempo della festa*, organização de A. Cavalletti, nottetempo, Roma, 2013.

O *experimentum crucis* sobre a possibilidade de que o subalterno possa realmente falar foi formulado por Gayatri Chakravorty Spivak no ensaio «Pode o subalterno falar?», Editora UFMG, Belo Horizonte, 2010, sucessivamente reutilizado e ampliado na sua influente *Critica della ragione postcoloniale*, Meltemi, Roma, 2004.

A miséria ético-política implícita na apologia do mal menor resplandece em Michael Ignattief, *Il male minore: L'etica politica nell'epoca del terrorismo globale*, Vita e Pensiero, Milão, 2005; a sua crítica radical pode-se ler por exemplo em Eyal Weizman, *Il minore dei mali possibili*, da nottetempo.

Diagnósticos precoces da mitologia vitimária haviam sido estilados nos anos 1970 pelos grandes clássicos da sociologia anglo-saxã como Christopher Lasch, *O mínimo eu,* 5. ed., Brasiliense, São Paulo, 1990, e Richard Sennett, *Autoridade*, Record, Rio de Janeiro, 2001.

A reformulação das obrigações da crítica como *ethos* e não como técnica especializada se encontra em Michel Foucault, «O que são as Luzes», em Ditos e escritos, vol. II, 3. ed., Rio de Janeiro, Forense Universitária, 2013. A indicação metodológica de

Marcel Proust está em *O caminho de Guèrmantes*, Globo Livros, Rio de Janeiro, 2013.

## I

Sobre a prepotência da memória em detrimento da história constituem uma ótima orientação os ensaios de Enzo Traverso, *Il passato: istruzioni per l'uso. Storia, memoria, politica*, ombre corte, Verona, 2006, e *Il secolo armato: Interpretare le violenze del Novecento*, Feltrinelli, Milão, 2012.

A ideologia humanitária tem a sua contribuição mais aguda em Philippe Mesnard, *Attualità della vittima: La rappresentazione umanitaria della soferenza*, ombre corte, Verona, 2004. O corroborante sarcasmo de Umberto Eco sobre os *nouveaux philosophes* encontra-se em *Sette anni di desiderio*, Bompiani, Milão, 1980. Sobre a subtração de subjetividade por parte de quem socorre em detrimento de quem é socorrido escreveram Didier Fassin em «The Humanitarian Politics of Testimony: Subjetification through Trauma in the Israeli-Palestinian Conflict», em *Cultural Anthropology*, 23, n. 3, e Michel Agier em *Aux bords du monde, les réfugiés*, Flammarion, Paris, 2002, do qual retiro essa afirmação reveladora do *manager* humanitário sobre o abismo entre a democracia e a *policy* dos campos.

A monumentalização das vítimas na vida pública italiana é descrita de maneira eficaz por Giovanni De Luna em *La Repubblica del dolore*, Feltrinelli, Milão, 2011.

Sobre a generalização endêmica do medo é fundamental Joanna Bourke, *Paura. Una storia culturale*, Laterza, Roma-Bari, 2007. O paradigma imunitário está no centro das reflexões de Roberto Esposito; as citações foram retiradas respectivamente de *Bios: biopolítica e filosofia,* Editora UFMG, Belo Horizonte, 2017, e de *Pensiero vivente. Origine e attualità della filosofia italiana*, Einaudi, Turim, 2010.

Sobre o nexo entre poder e sobrevivência o referimento obrigatório é Elias Canetti, *Massa e poder*, Companhia das Letras, São Paulo, 1995. O «Discurso do Mestre» é paternidade de Jacques Lacan, em *Il seminario. Libro XVII. Il rovescio della psicoanalisi (19691970)*, organização de A. Di Ciaccia, Einaudi, Turim, 2001; a iluminadora passagem de Slavoj Žižek a próposito se lê em *Em defesa das causas perdidas*, Boitempo, São Paulo, 2010.

O famoso artigo de Arbasino sobre «La gita a Chiasso» ressoa no seu contexto da época na antologia *Gruppo 63*, Bompiani, Milão, 2013. De Antonio Moresco, são iluminadoras para a nossa abordagem as suas *Lettere a nessuno*, Einaudi, Turim, 2008, Bollati Boringheri, Turim, 1997. Sobre o lado obscuro — socioeconômico e afetivo — da web 2.0 escreveram recentemente, com competência de primeira mão e longa militância crítica na matéria, Jaron Lanier, que protagonizou os anos quentes do Silicon Valley, em *Gadget: Você não é um aplicativo*, Saraiva, São Paulo, 2010, e Carlo Formenti em *Cybersoviet: Utopie post-democratiche e nuovi media*, Raffaello Cortina, Milão, 2008. Muito informado e tragicamente engraçado é também o texto de Giovanni Arduino e Loredana Lipperini, *Morti di fama. Iperconessi e sradicati tra le maglie del web*, Corbaccio, Milão, 2013.

O livro de Jean-Michel Chaumonte, *La concurrence des victimes: Génocide, identité, reconnaissance*, La Découverte, Paris, 2010, um título que fala eloquentemente por si só, é talvez a obra com a qual estas páginas contraíram o débito maior. Sobre o fenômeno das deportações inventadas (Binjamin Wilkomirski, Misha Defonseca, Bernard Holstein) é obrigatória a leitura de Frida Bertolini,

*Contrabbandieri di verità: La Shoah e la síndrome dei falsi ricordi*, Clueb, Bolonha, 2010.

A questão da herança de memórias traumáticas é afrontada aqui de maneira deliberadamente — e talvez excessivamente — *tranchant*, tributária de um certo impaciente nominalismo da parte de quem escreve. Trata-se na verdade de um problema no centro de um debate em curso e significativamente fecundo de neologismos como «pós-memória» (cunhado por Marianne Hirsch, que lhe dedicou muitos títulos, entre os quais o último *The Generation of Post-memory: Visual Culture after the Holocaust*, Columbia University Press, New York, 2012), «memória vicária» (James E. Young, *At Memory's Edge: After Images of the Holocaust in Contemporary Art and Architecture*, Yale University Press, New Haven, 2000), «memória prostética» (Alison Landsberg, *Prosthethic Memory: The Transformation of American Remembrance in the Age of Mass Culture*, Columbia University Press, Nova York, 2004). Como ulterior agravante se pode acrescentar que o autor é cético em relação a qualquer uso não declaradamente metafórico do conceito de «memória coletiva» (sobre o qual o referimento obrigatório é o clássico Maurice Halbwachs, *A memória coletiva*, 2. ed., Centauro, São Paulo, 2015).

A afirmação fulgurante de Virgina Woolf sobre os misóginos está em *Um teto todo seu*, Tordesilhas, São Paulo, 2014.

Sobre a vulnerabilidade como fundamento: de Emmanuel Lévinas se cita de *Dio, la morte e il tempo*, Jaca Book, Milão, 1996; de Jacques Derrida, *Espectros de Marx,* Relume Dumará, Rio de Janeiro, 1994. O tema da vítima é um pilar de toda a obra de René Girard. A citação no texto provém de *Evolução e conversão*, É Realizações, São Paulo, 2011, que representa ao mesmo tempo um ótimo balanço e perspícua introdução ao seu pensamento. De Judith Butler foram citados, em ordem: *Vite precarie*, Meltemi, Roma, 2004, *A vida psíquica do poder*, Autêntica, Belo Horizonte, 2017, *Relatar a si mesmo: crítica da violência ética*, Autêntica, Belo Horizonte, 2015. de Giorgio Agamben, *Homo sacer*, Editora UFMG, Belo Horizonte, 2010, *O que resta de Auschwitz: O arquivo e a testemunha (Homo sacer III)*, Boitempo, São Paulo, 2015; de Alex Honneth, *Riconoscimento e disprezzo*, Rubbettino, Soveria Mannelli, 1993, *e Lotta per il riconoscimento: Proposte per un'etica del conflitto*, il Saggiatore, Milão, 2002. O *repoussoir* de Adorno é o fecho de *Minima moralia*, Azougue, Rio de Janeiro, 2008.

## II

A modernidade vista não como época mas como tropo ou como narrativa de quem percebe a própria distância do passado é uma grande intuição de Fredric Jameson, *Modernidade singular: ensaio sobre a ontologia do presente*, Civilização Brasileira, Rio de Janeiro, 2005. Sobre a passagem do bastão do paradigma heroico para o paradigma vitimário (paradigma significa originariamente exemplo, modelo, protótipo) escreveu Jean-Marie Apostolidès em *Héroïsme et victimisation: Une histoire de la sensibilitè*, Les Éditions du Cerf, Paris, 2011.

A categoria do «Discurso do Capitalista» como atualização e suplemento à teoria dos «quatro discursos» foi formulada por Jacques Lacan em uma conferência realizada em Milão em 1972 («Del discorso psicoanalitico», em *Lacan in Italia. 1953-1978*, organização de G. Contri, La Salamandra, Milão, 1978), e conhece hoje uma grande fortuna graça à reflexão de Massimo Recalcati, que atingiu a plena maturidade em *L'uomo senza inconscio: Figure della nuova clinica psicoanalitica*, Raffaello Cortina, Milão, 2010.

Refinados e conscientemente unilaterais *pamphlets* que criticam «da esquerda», e não em nome de uma eterna moderação italiana, os limites do «68» (as aspas significando que se está julgando mais o ícone do que o fenômeno histórico efetivo) são aqueles de Valerio Magrelli, *Il Sessantotto relizzato da Mediaset*, Einaudi, Turim, 2011, e de Mario Perniola, *Berlusconi o il '68 realizzato*, Mimesis, Udine, 2011. Havia-os antecipado de um diferente ponto de vista Alessandro Bertante (1969) em *Contro il '68: La generazione infinita*, Agenzia x, Milão, 2007, cujo subtítulo alude de maneira eficaz ao inegável «queremos ainda e sempre tudo» dos líderes daquela geração que permanecem ainda hoje em posições de poder.

Sobre os paradoxos subjacentes no embate absolutamente moderno entre atores e espectadores pela interpretação correta dos eventos, iniciador é o Kant dos escritos sobre a Revolução Francesa (por exemplo *O conflito das faculdades*), admiravelmente comentados por Hannah Arendt nas suas lições sobre a *Teoria del giudizio politico*, il melangolo, Gênova, 1990. Um argumento que, atravessado não impunemente mas nem mesmo resolvido o providencialismo idealístico hegeliano (a história faz aquilo que deve fazer, e o sacrifício dos indivíduos é a moeda de retorno do espírito a si mesmo), reemerge prepotente nos clássicos da reflexão histórico-política do século XIX, do Marx do *18 Brumário de Luis Bonaparte* ao Tocqueville de *O Antigo Regime e a Revolução Francesa*: os homens fazem a sua própria história, mas obtendo frequentemente o contrário daquilo que acreditavam. Em relação a quanto o século XX se tenha esforçado para confirmar o assunto é até mesmo cruel inferir.

A alocução sobre o Holocausto como motivo de orgulho realizada em Nova York por Elie Wiesel, além das opiniões de Gideon Hausner, procurador do Processo de Eichmann, podem ser lidas no clássico de Annette Wieviorka, *L'era del testimone*, Rafaello Cortina, Milão, 1999, a integrar, por motivos que resultarão evidentes desde o título, com o ensaio de Esther Benbassa, *La sofferenza come identità*, ombre corte, Verona, 2009. Que não houve nenhuma razão de orgulho naquilo que se padeceu era, ao contrário, a convicção de Jean Améry, *Intellettuale a Auschwitz*, Bollati Boringheri, Turim, 2008. Sobre o debate em relação à unicidade e à comparabilidade da Shoah com outros genocídios é importante a leitura do balanço extremamente equilibrado de Valentina Pisanty, *Abusi di memoria: Negare, banalizzare, sacralizzare la Shoah*, Bruno

Mondadori, Milão, 2012. De Idith Zertal foi citado *Israele e la Shoah*, Einaudi, Turim, 2000.

Sobre a cinematografia pós-Vietnã existe uma bibliografia imponente. Em italiano pode-se ler *Vietnam e retorno: La «guerra sporca» nel cinema, nella narrativa, nel teatro, nella musica e nella cultura bellica degli Stati Uniti*, organização de S. Ghislotti e S. Rosso, Marcos y Marcos, Milão, 1996 (Stefano Rosso é também autor do fundamental *Musi gialli e berretti verdi: Narrazioni Usa sulla guerra del Vietnam*, Sestante, Bérgamo, 2003).

As citações de Pasolini provêm da edição Meridiani Mondadori. Ao tema da vítima na obra de Pasolini dedicou uma exaustiva tese de graduação Marco Saggioro, *La vittima nel cinema e nei film di Pier Paolo Pasolini*, consultável em www.pasolini.net, à qual devo muita intuições. À relação conflituosa com Fortini se dedica Luca Lenzini em *Un'antica promessa: Studi su Fortini*, Quodlibet, Macerata, 2013. As citações de Alfonso Berardinelli e de Gianfranco Contini provêm respectivamente de *Tra il libro e la vita*, Bollati Boringheri, Turim, 1990, e de *Ultimi esercizi ed elzeviri* (1968-1987), Einaudi, Turim, 1988. Sobre os recônditos da rejeição oposta por Pasolini a *La Storia* de Elsa Morante é iluminante a hipótese de Walter Siti, «Elsa Morante nell'opera di Pier Paolo Pasolini», em *Studi novecenteschi*, 47-8, 1994. De Morante se cita *A história*, 2. ed. Record, Rio de Janeiro, 1988. De Primo Levi, *Os afogados e os sobreviventes*, 2. ed., Paz e Terra, 2004. A carta de Adriano Sofri encontra-se e *L'amata: Lettere di e a Elsa Morante*, organização de D. Morante, Einaudi, Turim, 2012.

Sobre o nexo contraditório entre inocência e memória na imagem dos anos 1970 baseamo-nos em Andrea Hajek, «Tracce urbane di um conflitto permanente: La memoria pubblica dei fatti di marzo '77 a Bologna», em *Etnografia e ricerca qualitativa*, 3, 2010, e em Franco Berardi Bifo, *Dell'inocenza: Interpretazione del '77*, Agalev, Bolonha, 1987. Os textos mais significativos do *Historikerstreit* foram reunidos por Gian Enrico Rusconi em *Germania: un passato che non passa*, Einaudi, Turim, 1987, no qual se encontra o ensaio de Ernst Nolte, «Il passato che non vuole passare», que aqui se cita.

Uma vivaz análise da obsessão contemporânea em relação ao plágio se deve à escritora Marie Darrieussecq, *Rapporto di polizia: Le accuse di plagio e altri metodi di controlo della scrittura*, Guanda, Parma, 2011. Em relação à discussão sobre a pornografia dentro do movimentofeminista americano pode-se consultar Catharine A. MacKinnon, *Soltanto parole*, Giuffrè, Milão, 1999; Nadine Strossen, *Difesa della pornogragia*, Castelvecchi, Roma, 2005; Judith Butler, *Parole che provocano: Per una politica del performativo*, Raffaello Cortina, Milão, 2010. Um belo ensaio de Emiliana Galiani, «La pornografia come atto linguistisco: dimensione illocutoria e perlocutoria del performativo», em *Esercizi filosofici*, 6, 2011, enquadra com clareza termos e arcabouço teórico do debate.

A frase de Ernst Bloch se lê em *Thomas Münzer: teólogo da revolução*, Tempo Brasileiro, Rio de Janeiro, 1973. De Ian Buruma, se fez largamente referimento ao seu livro *Assassinio a Amsterdan. I limiti della tolleranza e il caso Theo van Gogh*, Einaudi, Turim, 2007.

### III

Exemplos de como a mera indignação contra a mitologia vitimária leve a resultados retoricamente brilhantes mas infiéis à profundidade do fenômeno são Robert Hughes, *Cultura da reclamação*, Companhia das Letras, São Paulo, 1993;

Pascal Bruckner, *A tirania da penitência: ensaio sobre o masoquismo ocidental*, Difel, Rio de Janeiro, 2008; Norman G. Finkelstein, *A indústria do holocausto: reflexões sobre a exploração do sofrimento dos judeus*, 5. ed., Record, Rio de Janeiro, 2006; Tova Reich, *Il mio Olocausto*, Einaudi, Turim, 2008. Contraexemplos virtuosos, Philip Roth, *Pastoral americana, Casei com um comunista, A marca humana*, todos publicados pela Companhia das Letras, e Art Spiegelman, *Maus*, Quadrinhos na Cia, São Paulo, 2005. Sobre o satírico como canibal o referimento é Walter Benjamin, «Karl Kraus», em *Avanguardia e rivoluzione*, Einaudi, Turim, 1977.

O quanto as distorções cognitivas podem ser eficazes e chantageadoras George Lakoff esclarece em *Pensiero politico e scienza della mente*, Bruno Mondadori, Milão, 2009

Que os direitos humanos sejam o calco negativo dos direitos políticos é uma grande conclusão de Hannah Arendt em *As origens do totalitarismo*, Companhia das Letras, São Paulo, 1989, retomada e relançada por Jacques Rancière, *O desentendimento*, 2. ed., Ed. 34, São Paulo, 2018, e por Slavoj Žižek, *Contro i diritti umani*, il Saggiatore, Milão, 2005.

Sobre a ipseidade do animal humano como ente naturalmente voltado à transformação de si se encontram sugestões fundamentais em Massimo De Carolis, *Il paradosso antropologico: Nicchie, micromondi e dissociazione psichica*, Quodlibet, Macerata, 2008, e em Paolo Virno, *E così via, all'infinito: Logica e antropologia*, Bollati Boringheri, Turim, 2010. A amarga constatação de François Lyotard sobre a inversão do nexo entre aspiração e decisão, derivada claramente da teoria dos sistemas de Niklas Luhmann, se encontra no seu célebre *A condição pós-moderna*, José Olympio, São Paulo, 1986. Um análogo e outrossim angustiado desejo de ordem, ainda que em outro contexto, é focalizado por Siegfried Kracauer em *Il romanzo poliziesco*, SE, Milão, 2011.

Sobre o nexo (sempre atual e hoje atualíssimo) entre culpa e dívida, além da *Genealogia da moral*, de Nietzsche (Companhia das Letras, São Paulo, 1998), o referimento obrigatório é Walter Benjamin, O *Capitalismo como religião*, Boitempo, São Paulo, 2013, um breve fragmento previdente comentado com grande rigor por Elettra Stimilli em *Il debito del vivente: Ascesi e capitalismo*, Quodlibet, Macerata, 2011, e retomado em um livro recente de Roberto

Esposito, *Due: La macchina della teologia politica e il posto del pensiero*, Einaudi, Turim, 2013.

O balanço mais completo e equilibrado sobre a questão do *storytelling* na teoria e na cultura contemporânea é o de Donata Meneghelli, *Storie proprio così: Il racconto nell'era della narratività totale*, Morellini, Milão, 2013. Sobre o problema mais geral do contágio do léxico e instrumentação literária em outros campos do saber pode-se ver o exaustivo Remo Ceserani, *Convergência: os instrumentos literários e as outras disciplinas*, Edusp, São Paulo, 2017. A frase de Don DeLillo sobre as tramas que levam à modernidade encontra-se em *Libra*, Rocco, Rio de Janeiro, 1995. Sobre tramas e ideologia italiana contemporânea refletiu este autor em um ensaio dedicado ao filme de Marco Tullio Giordana, *Piazza Fontana: uma conspiração italiana*, improvável reconstrução do atentado da Piazza Fontana, do qual são utilizadas algumas passagens (Daniele Giglioli, «La favola di una strage», em *Meridiana*, 73-4, 2012). Que a mitologia vitimária na base da ética contemporânea seja impotente a gerar verdades (no plural) é argumento de Alain Badiou em *Ética: um ensaio sobre a consciência do mal*, Relume Dumará, Rio de Janeiro, 1995; que a verdade seja necessariamente de parte (e não unânime e compartilhada), resultado de um conflito mais do que de um acordo, está na base do pensamento de Jacques Rancière, o referimento é ao já citado *O desentendimento*.

A crítica à reação à crise de uma «forma de vida» (uma expressão tornada célebre por Ludwig Wittgenstein, em *Investigações filosóficas*, Vozes, São Paulo, 2014) é uma extensão de argumentos que retiro de Paolo Virno, *Motto di spirito e azione innovativa: Per uma logica del cambiamento*, Bollati Boringheri, Turim, 2005.

O nexo perigoso entre mitologia e práxis política foi indagado por Furio Jesi em *Spartakus: Simbologia della rivolta*, organização de A. Cavaletti, Bollati Boringheri, Turim, 2000, e por Yves Citton em *Meritocrazia. Storytelling e immaginario della sinistra*, Edizioni Alegre, Roma, 2013.

## Biblioteca antagonista

1 Isaiah Berlin – Uma mensagem para o século xxi
2 Joseph Brodsky – Sobre o exílio
3 E.M. Cioran – Sobre a França
4 Jonathan Swift – Instruções para os criados
5 Paul Valéry – Maus pensamentos & outros
6 **Daniele Giglioli – Crítica da vítima**
7 Gertrude Stein – Picasso
8 Michael Oakeshott – Conservadorismo
9 Simone Weil – Pela supressão dos partidos políticos
10 Robert Musil – Sobre a estupidez
11 Alfonso Berardinelli – Direita e esquerda na literatura
12 Joseph Roth – Judeus Errantes
13 Leopardi – Pensamentos
14 Marina Tsvetáeva – O poeta e o tempo
15 Proust – Contra Sainte-Beuve
16 George Steiner – Aqueles que queimam livros
17 Hofmannsthal – As palavras não são deste mundo
18 Joseph Roth – Viagem na Rússia
19 Elsa Morante – Pró ou contra a bomba atômica
20 Stig Dagerman – A política do impossível
21 Massimo Cacciari, Paolo Prodi – Ocidente sem utopias
22 Roger Scruton – Confissões de um herético
23 David Van Reybrouck – Contra as eleições
24 V.S. Naipaul – Ler e escrever
25 Donatella Di Cesare – Terror e Modernidade
26 W.L. Tochman – Como se você comesse uma pedra
27 Michela Murgia – Instruções para se tornar um fascista
28 Marina Garcés – Novo esclarecimento radical
29 Ian McEwan – Blues do fim dos tempos
30 E.M. Cioran – Caderno de Talamanca
31 Paolo Giordano – No contágio
32 Francesca Borri – Que paraíso é esse?
33 Stig Dagerman – A nossa necessidade de consolação...
34 Donatella Di Cesare – Vírus soberano? A asfixia capitalista

**Fonte** Arnhem
**Impressão** Formato
**Papel** Pólen Bold 90g/m²
Belo Horizonte, outubro de 2020